默高手

谷雨 编著

北方妇女儿童出版社
·长春·

图书在版编目（CIP）数据

幽默高手 / 谷雨编著. —— 长春 : 北方妇女儿童出

版社, 2024. 5. —— ISBN 978-7-5585-8606-4

Ⅰ. H019-49

中国国家版本馆CIP数据核字第2024G66C93号

幽默高手
YOUMO GAOSHOU

出　版　人	师晓晖
特约编辑	刘慧滢
责任编辑	李绍伟
装帧设计	韩海静
开　　本	710mm×1000mm　1/16
印　　张	12
字　　数	150千字
版　　次	2024年5月第1版
印　　次	2024年5月第1次印刷
印　　刷	三河市燕春印务有限公司
出　　版	北方妇女儿童出版社
发　　行	北方妇女儿童出版社
地　　址	长春市福祉大路5788号
电　　话	总编办：0431-81629600

定　　价	59.00元

目　录

第一章　友情篇

成为聚会中的气氛担当

用幽默打开彼此的心结

一个段子也能化解尴尬

劝慰其实不必一本正经

最好的拒绝就是幽默

第二章　婚恋篇

恋爱男女话术秘籍

夫妻的琐碎日常

那些相亲名场面

第三章 家庭篇

和孩子沟通的正确方式

与父母的相处之道

和亲戚的"斗法"日常

第四章 生活篇

邻里之间那些事

与陌生人的社交秘诀

祝贺不是光说吉祥话

第五章 职场篇

其实面试也没那么难

办公室就是交际场

领导，我想对你说

团建与应酬之技巧

第一章

友情篇

>> **成为聚会中的气氛担当**

完美的聚会：少不了幽默开场

老友们久别重逢，相约聚会。经过长久的分别，大家一时间很难找到切入的话题，因此显得有些尴尬。于是，身为组织者的你想站出来暖暖场，到底该如何开场呢？那就来看看幽默高手都是怎样做的吧。

一般话术：

好久不见，就让我们举起酒杯，致敬我们的友谊！

幽默话术：

今天，咱们难得能在此相聚。正所谓："朋友一起，皆大欢喜，酒杯一端，收入翻番。"那就让我们一起来一个华丽的干杯吧！

即便是久别重逢，但因长久不联系而陷入尴尬和沉默也是人之常情，这时候就需要有人去打破这个僵局。老友们的相聚，最重要的当然是气氛，热烈的气氛能让人快速融入环境。幽默是一种亲和力，也是能够打开心扉的钥匙，聚会中最受欢迎的人，往往都是自带风趣、能带给大家轻松和愉悦的人。用一句简单俏皮幽默的顺口溜打破沉默，你就是那个最受瞩目的人。

被放了鸽子：你该如何应对

面对这样不守信用的朋友，也不要一时陷入气愤的情绪之中。多站在对方的角度去想，也是一种情商高的表现。此时尽量用一些幽默话术，既能表达你的失望，又能适当缓和尴尬的气氛。当然，与不同关系的朋友，也应用不同的回应方式，具体话术还要结合你和朋友的性格和亲疏来决定，最好既能表达你的感受，又不会让对方感到过于尴尬。

你与好友相约在某天聚会，于是你推掉了当天的所有事情，准备赴约。但是朋友却在当天来电话说无法赴约了。此时，既生气又尴尬的你，该如何应对？

一般话术：

为了这次聚会我推掉了那么多重要的事情，你太不讲信用了，我真是太失望了！

幽默话术：

我明白了。你是不是想考验我对你的情谊？没关系，就算你放我一百次鸽子，我也对你不离不弃！

收到了邀请：该如何表达心情

你的好友发来邀请，想与你相聚。你在高兴之余，该如何向对方表达你的重视和此时此刻的心情？

一般话术：

那真是太好了！知道吗？我等你这句话很久了，我马上就去！

幽默话术：

哈哈，可算收到了你的邀请！我就知道你会想我，所以我饿了自己好几天，就等你这顿大餐呢！

面对好友的邀请，有时幽默和夸张的话术更能让对方体会你的开心和真诚，同时也带有一些轻松愉快的氛围，对于增强你与朋友间的友谊和互动十分有效。不过，需要注意的是：在回应时要根据你们之间的关系和对方的性格来适当调整话术，这会让回答变得更加贴心和有趣。但是，不管怎样去回复对方，都要保持自己的真诚和对对方的尊重，千万不要因为注重幽默而冒犯对方。幽默的目的是加深彼此的友谊，并不是为了让对方受到伤害。

朋友的朋友：不要当作敌人

你和一位好友相约一起聚会，本来你做好了计划，打算和他共度美好的一天。但是，当天朋友却带了另外一位朋友过来，而且事先没有和你打招呼。此时，你觉得很不自在，正在气头上的你该怎样表达此时此刻的心情？

一般话术：

我以为这是我们两个人的聚会，为什么你会带另一个人来？我们并不认识，我觉得你的做法很冒昧，我感觉很尴尬。

幽默话术：

原来咱们之间这么心有灵犀！你是怎么知道我很寂寞的？还特意带了新朋友给我认识，是想给我一个大大的惊喜吗？虽然我感觉很意外，但是我真的喜欢这种"不按套路出牌"的约会。

记得，无论遇到什么事，先别把氛围搞得那么紧张。遇到这种情况，也许是朋友的"良苦用心"，或许是想让你更深入地了解他的交友圈子。因此，没必要急于指责，用诙谐的比喻可能效果更好，不仅表达了你的疑惑和尴尬，而且也给了朋友解释的机会。

陌生的圈子：用幽默打开缺口

今天，你受邀参加一个聚会，但是参与聚会的人和你并不是很熟悉，也许你连对方的姓名都忘记了。为了不让气氛降到冰点，你必须要打破这个僵局，这时候你该说点儿什么，但是，究竟该从什么话题开始呢？

一般话术：

我们聊点儿什么呢？也许聊着聊着就熟悉了。哦，对了，你们都有什么爱好？我平时很喜欢踢球。

幽默话术：

哎呀呀！我就说今天的聚会很不一般。能让咱们聚在一起纯属缘分，我都怀疑咱们是失散多年的兄弟姐妹呢！有没有喜欢看球赛的？改天咱们约在一起看，怎么样？

在陌生的环境中，刻意地营造笑点会让人感觉更加尴尬。不如尝试让幽默更加自然地流露出来。如果加点儿小兴趣，可能还会找到志同道合的人，这样一个新的话题就产生了。假如这样也没有效果，还可以将这个兴趣的话题延伸，继续寻找新的话题。

用幽默打开彼此的心结

道歉的秘诀：也许只需要一个笑话

因为你的原因，朋友很生气。你也意识到了自己的问题，准备向对方道歉。看着正在气头上的朋友，你该如何开口呢？

一般话术：

实在是对不起。就请你原谅我这一次吧，下次我绝对不会了，我保证！

幽默话术：

虽然你很生气，但是我刚刚听到了一个超有趣的故事，还是忍不住跟你分享一下。有一群小鸭子正在排队，其中一只怎么都无法和其他的小鸭子对齐。于是，它就不断地冲着其他小鸭子大声喊道："我对不齐鸭（呀）！我对不齐鸭（呀）！"

有时候，道歉不一定是一件很严肃的事情。幽默与真诚是最高情商的道歉，先让对方笑起来，往往比解释更加有效。用笑话来表达"对不起"，不仅可以为自己的道歉加分，还会让你变得更加可爱，使道歉的成功率大幅提高。

唠叨的朋友：我该如何回应他

你的朋友是个爱唠叨的话痨。由于对你过度关心，他喜欢对你所做的事不停地指手画脚。出于对友谊的珍惜，你并不想伤害对方，但又无法忍受下去，你该如何开口让他知道？

一般话术：

我们的年纪都不小了，你说的我都懂，就请你不要再唠叨了，我的事情我心里有数！

幽默话术：

我很理解你的心情，你是我最好的人生导师。如果你想教育我，最起码也要等我交了学费再说，不然你不是亏大了吗？正所谓"一日为师，终身为父"。要不，你先给我点儿零花钱怎么样？

有时候，朋友的唠叨也是一种关心，怎样提醒对方自己受不了他这种唠叨？如果采取过激的态度和言辞很有可能会让友谊出现裂痕，因此可以用调侃的语气。适度地贫嘴也是一种调侃，关系亲密的朋友自然不会生气，反而会拉进友情。如果朋友唠叨得对，最好要采纳；如果唠叨得不对，你的幽默也不会伤害到他。

玩笑不可怕：可怕的是不懂幽默

你的好朋友无意间开了一个很过分的玩笑，因此惹得你十分生气。但是，你知道对方其实并没有恶意，因此不得不友善地提醒他下次注意。如果分寸把握不好很有可能会翻脸，那你会怎样说呢？

一般话术：

你这个玩笑有点儿过分了，我有义务提醒你别再拿这件事开玩笑了，不然我真的会生气！

幽默话术：

虽然平时的你很可爱，但显然这次的玩笑有点儿"超标"了。我的心脏承受能力不是很好，刚才差点儿就要休克了。

被朋友冒犯也不要急于回击，更不必为对方的无心之过而反应过激。当然，即便是好朋友之间，也必须注意分寸，否则就会发展成彼此之间的伤害。遇到这种情况也不能一味地忍让和逃避，必须要以适当的方式让对方明白自己的底线在哪里。或许对方也正在为了刚刚的话而感到自责，这时，一句幽默的话不仅能挽回友谊，还能体现你的大度，是个很不错的方式。

争论没有错：缓和气氛是关键

朋友之间，对于某件事存在分歧是很常见的。但是，僵持下去并不是解决问题的方法，而让它发展成矛盾，更是一种得不偿失的做法。用幽默使彼此冷静下来，先去想一想争论的焦点是什么？冷静地分析方案才是真正解决问题的方式，而不是争吵埋怨和互相伤害。有时候愉快轻松的氛围更能激发想象力，也许还有第三种方法。所以，何必为此而丢了一位朋友呢？

你和好朋友因为某件事发生了分歧，为了避免争吵，你必须让朋友冷静下来。事情还没决定，怎么可以在那之前先让"友谊的小船"翻了呢？

一般话术：

我们都先冷静一下，再好好想一想对方的建议。我觉得你没必要那么固执己见，难道不能认真听听别人的意见吗？

幽默话术：

依我看，既然谁也说服不了谁，那咱们不妨先把这个事情放下。不如我们先讨论一下去哪里吃顿好的。只要别在这件事上也争辩起来，那就什么都好说了。

面对恶作剧：如何有效地回击

朋友趁你不备，玩起了恶作剧，让你在很多人面前出了糗，于是你恼羞成怒，想要给他点儿颜色看看。但动手可不是明智之举，此时你应该说什么才好？

一般话术：

我受够了！你这样让我很没面子，难道这是好朋友该做的事吗？你再这样的话，朋友就没得做了！

幽默话术：

你这个恶作剧不是很成功，我差一点儿就没跳起来。你下次再捉弄我之前，一定要告诉我一声，我好配合你。我也考虑一下，准备一个更好的恶作剧给你示范一下。

无论朋友的恶作剧出于什么目的，都不要在别人面前暴跳如雷。因为既然已经丢了面子，就更不能把风度也丢了。最有效的方式是用幽默而有力的话来回应，人格魅力来自情绪控制，而不是比谁的脾气大。与面子相比，一个真心真意的朋友更加珍贵，所以别轻易伤害对方，说不定对方听了你的话，会先向你道歉呢。

一个段子也能化解尴尬

别错上加错：失言如何化解尴尬

在和朋友聊天儿时，你突然失言说出了朋友最不想谈及的话题。此时的你真想找个地缝钻进去，眼看朋友的脸色越来越难看，气氛变得越来越尴尬，难道就这么沉默不说些什么吗？但是如果再说错什么，场面很可能会变得越来越难收拾。

一般话术：

真对不起，我真的不是故意的。请原谅我，下次我再也不会乱讲话了！

幽默话术：

真是太糟糕了！如果能把自己说错的话吃回去，恐怕我就要变成个胖子了。千万别和我一般见识，我的脑子没有嘴跑得快，到现在还没追上呢。

无论是谁，被冒犯了都是一件很生气的事。所以，千万不要雪上加霜，慌乱中的解释可能"越描越黑"，不如岔开话题，让对方转怒为笑，可能更容易原谅你。如果还有其他人在场，幽默的话语更能使气氛回暖，不至于让其他人陪着你一起尴尬下去。

救场如救火：用幽默重启聊天儿

冷场，是朋友聊天儿时常见的大型翻车现场。刚刚活跃起来的气氛，瞬间降至冰点。此时此刻，到底该如何救场？其实，这还真是一门学问。

一般话术：

怎么突然没人说话了？真的好尴尬呀，要不谁表演个节目吧！

幽默话术：

真是"书到用时方恨少"哇！只后悔我读书少，要是多读一些笑话，就不会冷场了。也不对，万一是冷笑话呢？对了，谁那儿有冷笑话讲一个吧，也不差这点儿温度了。

用自嘲式的幽默来缓解冷场的尴尬，是一个相当不错的选择，笑声也是打破沉闷最好的武器。适当地抛出一个新的话题，可以让彼此找到新的聊天儿话题，有时候冷笑话恰恰是暖场神器。幽默也是一种另类的机智，救场如救火，赶快用你的段子去重启聊天儿吧。

被过度夸奖：一句话就能圆场

你被朋友从头到尾夸奖了一番，从样貌帅气，夸到知书达理；从博学多闻，夸到人缘和脾气。虽然有点儿难为情，但还是要说点儿什么，不然怎么显得你谦虚？

一般话术：

怎么突然夸起我来了？我哪有你说的那么好，弄得我怪不好意思的。

幽默话术：

你刚才是在说我吗？我一直认为我是个平凡的人，没想到竟然被你挖出这么多隐藏技能。赶快帮我找一根绳子，把我拴住，不然我就要飘走了！

被朋友夸奖，通常是件令人愉悦的事情。然而，在某些场合，过度的夸奖可能会让被夸者感到些许尴尬，尤其是当夸奖显得夸大其词时。面对这样的情况，我们无须当面揭穿或因此生气或难为情，毕竟维护个人颜面是更重要的事。此时，幽默便成为化解尴尬的最佳方式。通过自我调侃的方式展现出谦虚，不仅能够缓解紧张气氛，还能展现出你的风度和口才。你可以用轻松幽默的口吻回应，让朋友的夸奖听起来不那么夸张，同时也展现出你的自信和从容。

被无情拒绝：记得强扭的瓜不甜

当你满怀期待地邀请朋友参加你组织的聚会，却遭到对方的无情拒绝时，你的内心是不是或多或少会感觉有些失望？该跟他说点什么，才能表达你此时此刻的心情，又不伤害彼此的感情呢？

一般话术：

为了这次聚会我准备了很久，也付出了很多。我真心希望你能够来，但是你却让我失望了。

幽默话术：

没关系，这次不行那就只好下次了。我也得反思一下，是什么原因让你无法参加聚会，这的确是我的失误哇！既然你不能到场，那我就只好多拍点照片给你，让你帮我提一提意见了。

被朋友拒绝时，要多去体谅和包容，相互尊重才是朋友间最大的原则。每个人都有选择的权利，所以不要因为拒绝而制造和加深矛盾，强迫更不是可取的方式。而轻松幽默的话能够快速缓解气氛，也许对方也在为不能参加你的聚会而感到自责，所以千万别把施加给别人的负担当作衡量友谊的标杆。

不做小透明：瞬间让你成为焦点

这天晚上，朋友们围在一起商量事情，你一言，我一语。刚刚才来的你，却被晾在一边。如此机智的你，当然不能眼看着干着急，必须要说点儿什么加入进去。怎样说才会不显得唐突呢？

一般话术：

你们在聊什么呀？这里还有一个人呢，可不可以搭理搭理我呀？

幽默话术：

我这肤色太黑了，和夜色都融为一体了，你们看不见我也正常。我是不是得化个萤火妆，才能被你们一眼瞧见呀？

即便是自己被无情地忽略，提醒朋友时，也要保持幽默和从容的态度。不要让你的朋友感觉到压力或者被指责，那样会使气氛更加尴尬。幽默的目的是化解尴尬，而不是加深矛盾。也许，是他们太过投入了，不要过于强求他们的关注，自然而然地融入话题才是最好的选择。

被朋友表白：如何巧妙地拒绝

你的一位异性朋友突然向你表白，还精心准备了一场求爱仪式，或许这会让你不知所措。你想保持这段纯真的友情，拒绝当然是最好的选择，但怎么说才能不伤害他的自尊心呢？处理不好连朋友也没得做，这应该是你最担心的事吧？

一般话术：

我觉得我们还是做朋友吧，我真的一直把你当作最要好的朋友。你不会因为我拒绝你而从此不再理我了吧？

幽默话术：

天哪，真是太突然了！我真的差点儿就答应了。你知道吗？我就你这么一个朋友，我是如此看重这份友情。如果我真的接受了你的表白，从此就又多了一个冤家，那我就成了没有朋友的人了。

你有拒绝的权利，别人同样也有喜欢的权利。如果你格外珍惜这段友情，即使要拒绝，那也要字斟句酌。难道你不觉得风趣的答复，会让彼此更加轻松吗？

劝慰其实不必一本正经

请笑着生活：工作不是你的全部

你的好朋友最近因为工作上的不顺利而闷闷不乐，你看在眼里，心里十分着急。该说些什么才能缓解朋友的焦虑呢？

一般话术：

不要紧，千万别因为工作上的事情为难自己，一定要振作一点儿，没有过不去的坎儿。

幽默话术：

工作就像是参加一场马拉松比赛。刚开始你可能觉得很累，但跑着跑着也就习惯了。等你跑完了全程，再回想之前的路，都会变成风景。而且，终点还有一顿大餐等着你！所以，坚持住，为了大餐！

安慰可以不是一本正经地讲大道理。一段恰当、幽默的比喻可能会被人更好地接受。人生的失意只是一时，得意也不是常态，只要心中有希望，就能看到前进的曙光。所以，在遇到挫折时还能开怀大笑，才是无比珍贵的正能量；拥有互相鼓励的友谊，才是世间最珍贵的东西。

治疗抱怨：试一试"以毒攻毒"

当你的朋友总是抱怨生活的不公，那么，他很有可能陷入了麻烦。如果这个时候去开导他，该做些什么呢？究竟该怎样让朋友知道我很关心他？

一般话术：

别再抱怨了，你要振作起来。人生哪有事事都如意？起起伏伏才是生活常态。

幽默话术：

好了，有什么可抱怨的？至少你的身边有我，时不时还能安慰你几句。你哪像我这么悲惨，只有个爱抱怨的朋友。我这么会劝人，还是托你的福呢，哈哈。

"以牙还牙"并不一定就是报复，也可以是劝导的一种方式。无论如何，先不要急着去劝导，先学会安静地倾听，然后用你们之间的方式抱怨回去。记得让你的抱怨高级一点儿，幽默是其中必不可少的元素。开玩笑并不是目的，最重要的是让你的朋友感觉到关心和温暖，支持才是你要表达的主题。

走出失恋：就需要"苦中作乐"

碰上朋友失恋，最痛苦的可能不是他，而是你。他每天失魂落魄，动不动就拉着你一醉到天明，到底该怎样才能让他赶紧走出阴影呢？

一般话术：

别难过了，天涯何处无芳草。千万别为了一棵树而放弃了整片森林。

幽默话术：

你要知道，在你失恋的同时，他也失恋了。凭什么他现在在逛街，而你却在难过？走，我们也去玩个痛快。

失恋是个特别而敏感的话题，也可能是你朋友心中不可触碰的逆鳞。看似幽默的话却最能触动人心，这不是幸灾乐祸，而是另一种形式的打抱不平。用微笑和洒脱来报复坏心情，才是最飒的方式。感情从来都无法勉强，走出阴影当然要靠他自己，但作为朋友，就是尽量让他开心。

接受帮助：享受"温暖的抱抱"

你的朋友是个死要面子活受罪的人，无论如何都不愿意接受别人的帮助？想让他自己承认这一点根本做不到，到底该怎么办呢？

一般话术：

为什么不肯让我帮你呢？你的倔强只会让自己难受。难道在关键时刻有人对你出手相助，不正是说明你的人格魅力强大吗？

幽默话术：

你看看你自己，永远这么自强独立。但是你也要给别人一个机会，让别人也展示展示他们的英雄气概呀！不然，像我这种幕后英雄，哪还有出头之日呢？我敢保证，我帮助你之后，绝对不会落下任何后遗症，只会让人觉得你是一个特别会为别人着想的人。

坚强是一种美好的品质，倔强有时候却是一种负担。幽默是一种"软化剂"，只有"注进"他的内心，才能让他明白：帮助不是怜悯和同情，而是作为朋友的情义。不过，幽默也要把握好分寸，不要让真心被理解成戏谑。

朋友的劝慰：还可以这样回应

对于你遇到的不如意，朋友看上去比你还要着急。朋友劝了你这么久，总该适当地给他一点儿回应，该怎样说才能让他彻底放心？

一般话术：

放心吧，我没事了，有你这样的朋友真好，是我的幸运。我都这么幸运了，还有什么不高兴的。

幽默话术：

好了，其实我早就没事了。只是最近特别想听你唠叨，真的很上瘾，所以就麻烦你多说了几句。对了，你觉得我今天的发型如何？我觉得挺有型的！

朋友之间，其实不必多说什么，也许一个不经意的玩笑，就能让他安心。也许，有的时候也该反省一下，你究竟能带给身边的人什么？面对朋友的苦口婆心，是不是真的用心在听？在人生最艰难的时刻，有知己陪在身边，即便是喋喋不休也是一种幸福。天下最不幸的事不是不顺利，而是慢慢被人遗忘。

最好的拒绝就是幽默

搬弄是非：最好敬而远之

假如有一天，你的一位朋友悄悄对你讲了一件事情：你的另一位好友，曾在背后说你的坏话。在事情没有得到证实之前，你该做出什么样的回应？

一般话术：

是吗？不过我觉得这件事还没有得到证实，等到我们见面一定要问一问。如果真的是他在别人面前诋毁我，那我就要他好看。

幽默话术：

真的吗？俗话说"人红是非多"，看来我很受欢迎啊，不然哪有人愿意说我的坏话呢？不过话说回来，在背后说我总比当面骂我强，至少还给我留了些面子。

面对朋友间的是是非非，最大的原则就是不要影响自己的判断和情绪。时刻保持轻松和幽默的态度，是消灭一切传言的"终极武器"。别让偏见左右了你的判断力，朋友间最重要的除了信任就是宽容，如果你真的做到了，还有谁能诋毁你？所以，可以来一次坦诚的谈话，也可以一笑了之。总之，面对传言，冲动就是在为难自己。

好友借钱：只能量力而行

你的一位朋友急匆匆地找你借钱，但不巧的是你最近的经济状况也令你堪忧。如果不借，会伤了友情；如果借给他，自己不仅雪上加霜，要对方还钱也可能遥遥无期。该如何婉拒？真是一个世纪难题！

一般话术：

不好意思呀，兄弟，我最近手头也很紧，实在是爱莫能助哇。要不，你再到别人那问问？

幽默话术：

我想我是最能理解你心情的人了。我现在也是个超级"负"翁，"负数"的"负"，现在的我穷得就剩个影子了。昨天，我刚用早餐钱买了一张彩票，如果中了大奖，到时候一定分一半给你。

人人都有遇到困难的时候，既然是朋友，更不能轻易伤了和气。如果真的有能力，能伸出援手，还是要尽量帮忙，因为朋友不就是你帮我、我帮你吗？如果自己实在为难，或者对方信用不佳，也不要犹豫，拒绝也是为了保护这份友谊。

攀比炫耀：对不起，我不感兴趣

最近，你和一位个性张扬的朋友见了面。对方穿着一身名牌，张口闭口全是奢侈品和旅游胜地，口若悬河地描述着自己开着什么车，在哪里买了房。虽然你觉得和自己没关系，但还是想以朋友的身份劝他低调一点儿？怎么说才不伤和气呢？

一般话术：

我觉得生活是你自己的，还是别到处张扬的好。如果你能帮助困难的朋友自然是好事，如果是单纯的炫耀，我觉得那就大可不必了。

幽默话术：

看你生活得如此潇洒，我真心为你感到高兴。不过有的时候，让自己太过光芒四射也不一定是好事，别人都看不清你，还如何接近你呢？你看我，现在看你都得戴上墨镜。

其实，人人都有虚荣心，只是所看重的事情不同而已。有人在乎名，有人在乎利，还有的看重感情，只是各取所需罢了。所以，没必要用抨击和鄙视的眼光去看待注重"物质"的朋友，否则那就不是劝告，而是"红眼病"了。所以，最恰当的方式，就是展现你的豁达，让对方感受到幽默的魅力，那正是他所没有的。

朋友杀熟：别拿我当"冤大头"

好友最近换了工作，单位下达了指标任务。因此他特地登门拜访，想求你帮忙凑凑业绩，开价却高于市场价很多。虽然是朋友，但这明显是在拿自己当"冤大头"，此时的你该怎么拒绝才好呢？

一般话术：

真是不好意思，这个忙我实在是没法儿帮。一来，家里现在确实不需要；二来，我最近手头也不是很宽裕。依我看，你不如再问问其他人是否需要。

幽默话术：

看来咱们之间的关系确实不一般，"友情价"都这么高了。过去只听说有朋友让我帮着"砍一刀"，原来友情不只能砍价，还能加价呀！有你这种朋友，感觉真好，瞬间感觉自己变成有钱人了。

其实，面对这类朋友，大可不必留情面了。既然已经算计到自己头上，何必还要绞尽脑汁、温和细语地照顾对方的情绪？当然，如果对方有苦衷，那就另当别论，不算是"杀熟"，前提是彼此都要坦诚。

被求办事：我活得也不容易

一位朋友跑来向你求助，虽说嘴上只想让你帮个小忙，但还是让你觉得"压力山大"。这时，必须想个办法，怎么说才能不得罪对方，还让对方能理解你的苦衷？

一般话术：

朋友，你这个事情我可真帮不上忙。实在是爱莫能助，希望你能理解我一下。

幽默话术：

首先，你能够信任我，真的让我受宠若惊。只不过，确实这个题目出得有点儿"超纲"了，我很惭愧自己还是个小学生，这种高考的题，我实在是答不上来。但你也别灰心，虽然我帮不了你，但一定有人有这个能力！

生活中，每个人都有遇到难处的时候。可能对于某些人而言，自降身份开口求人已经是很难受的事情了，所以别再"火上浇油"，他能来求你也是对你的一种信任。这时，运用幽默表达的是一种无奈和谦卑，千万别拿别人的自尊当作自己的"奖杯"。

被逼买单：别犹豫果断回击

你在朋友中算是混得比较风光的，因此每次朋友聚会时，总有人提议让你买单。你每次想拒绝，但又碍于情面而说不出口。到底该怎么拒绝才最合适呢？

一般话术：

这次聚会又不是我组织的，凭什么让我买单呢？再说，每次都是你张罗结账，怎么从来都没见过你付钱呢？

幽默话术：

我也挺想大方一次的，无奈这次聚会的组织者不是我，怎么能抢别人的风头呢？下次轮到我组织的时候，我一定自觉买单。哦，对了，你上次不是还说要请大家吃大餐吗？择日不如撞日，我看就今天吧？

在饭桌上要求别人买单，其实是一种很不尊重人的行为。当然，最明智的方法就是用玩笑的口吻回敬对方。不管对方有什么目的，都一定要让他知道这是个错误的决定。要学会幽默，保持微笑，没必要真的动气。

没用的聚会：就用微笑拒绝

对于无用社交，或者无效社交，可以毫不犹豫地断舍离。但别太过激，中国有句古话叫"好聚好散"，你的幽默可能就是一封"宣告书"，不需要言辞激烈，却能达到你想要的效果。生活需要阳光美好，对于无用社交，由于酒肉朋友只看中他们的快乐，所以还是当断则断吧。

今天又有一个朋友打来电话，邀请你参加聚会。然而，你早就受够了这样的聚会，每次聚会他们总是凑在一起聊天儿，而你就是个用来 AA 制的"饭搭子"。这时，如果直截了当地拒绝，很有可能被说成"抠门"，或者被扣上"不合群"的帽子。到底该怎样体面地拒绝呢？

一般话术：

我今天不太舒服，真的去不了了，你们先聚吧。

幽默话术：

还真是不巧，我今天突然有点儿不舒服，无精打采的。不如这样吧，我提议咱们开个睡觉派对，省心、省力又省钱，如果那样的话，简直不要太舒服了！你觉得怎么样？

第二章

婚恋篇

恋爱男女话术秘籍

约会迟到：千万别找借口

终于约到了心目中的男神，却在约会当天迟到了。第一次约会就迟到，他一定很生气，好像什么理由都很苍白。到底该说些什么才不会那么尴尬？

一般话术：

对不起，我迟到了。刚才路上堵车了，我真的不是故意的，你就原谅我吧。下次绝对不会了！

幽默话术：

这次，我是真心知道错了。总想把自己装扮漂亮一点儿，却始终觉得"没脸"见你，不知不觉就错过了时间。为了弥补我的过错，我决定满足你三个愿望，许愿的咒语就是喊三遍"我原谅你"。好了，我准备好了，现在就开始吧！

有些错误是不需要辩解的，比如迟到。这往往是情侣之间用来衡量对彼此重视程度的标准，任何解释都会显得很苍白。不如想想怎么道歉，错了就是错了，还是用你浮夸而风趣的表现，转移对方的注意力吧。或许他轻轻一笑，便是原谅了你。

我又胖了：女朋友的难题

你有没有这样的同款女朋友？她经常对着镜子，忧心忡忡地说自己又胖了。并且永远都是一句话："我不吃了，我要减肥！"此时的你，到底应该怎么办？

一般话术：

亲爱的，别难过了。人是铁，饭是钢，不吃饭怎么能行？不管你变成什么样，我都喜欢你。

幽默话术：

我真是不明白，你到底哪里胖了？在我眼里你永远都是最完美的，我只看见一个越来越可爱的你。再说，我怎么忍心让你瘦成竹竿呢？

女生往往都很在乎自己的颜值和形体，有时候甚至到了"魔怔"的地步。这时候，需要用你的幽默去转移她的注意力，给她充分的自信和鼓励。当然，一起锻炼，健康减肥也是一种途径，但前提是千万不要说伤害她的话，那样会加重她的焦虑。

争吵危机：如何巧妙化解

今天，你和你的男（女）朋友又因为琐事大吵了一架。虽然大家都在气头上，但你还是决定先退一步。此时此刻，应该怎样说才能既缓和关系，又不失优雅呢？

一般话术：

好了，我觉得我们都该冷静一下。虽然我不觉得我有什么错，但毕竟吵架对我们都不好。

幽默话术：

男生：好吧，看来我的确应该去报个口才训练班了。既然辩论不过你，我只好认输了。不过说好"友谊第一，比赛第二"，谁记仇谁是小狗。

女生：我突然觉得有些累了，我决定先"停战"，不如一起去楼下喝杯咖啡休息一下。如果还有兴致的话，咱们回来再继续辩论，怎么样？

情侣之间朝夕相处，难免会有摩擦。解决危机的关键，还是要看谁更能保持冷静，用幽默打破僵局，用理智来解决问题，这才是修复感情的唯一途径。在争吵的时候，往往会情绪激动，这时需要停下来，冷静思考问题，等对方的情绪平定后再作解释。

打破冷战：就用幽默还击

你和你的男（女）朋友，因为一次吵架便开始了冷战。冷战只会让感情不断陷入危机，沉默的背后也可能藏着更大的爆发。该怎样打破沉默？也许一句话就能把这场风波平息。

一般话术：

对不起，我错了，别生气了。不如我们好好聊一聊吧，总是这样也不是办法，你说对吗？

幽默话术：

男生：奇怪了，我是不是得了失忆症？也可能是过去太久了，我竟然想不起来咱们是因为什么冷战了，要不你提醒我一下？

女生：好了，我摊牌了。我看到网上说和男朋友冷战能减肥，果然有点儿效果，就是气氛太压抑了。消耗了这么多能量，咱们去吃点儿好东西吧！

冷战中的情侣，往往都是沟通出现了问题。此时都处在敏感的时刻，如果处理不好很有可能适得其反。不如暂且把矛盾抛到一边，向对方服个软，这并没有什么丢脸的，这在男生来说叫大度，对女生而言叫懂事，而服软与幽默就是调味剂。

情侣生日：来个花式祝福

今天是她（他）的生日，除了精心准备的生日礼物以外，一定也少不了美美的生日祝福。究竟该说些什么才能让她（他）开心呢？

一般话术：

亲爱的，生日快乐。恭喜你又大了一岁，我又陪你走过了一年。今后我就一直这样陪着你，如何？

幽默话术：

男生：生日快乐，女神！愿你的笑容像夏天的阳光一样照亮我的世界。当然，也希望你的脾气别像夏天的暴雨一样来得那么快。

女生：生日快乐，我的守护者！今天，你又比去年更加成熟和稳重了，我只希望你别把这些稳重都放在肚子上。

情侣之间的相处，本来就应该是轻松而愉快的感觉，其中最大的感动，往往就来自彼此相爱相知的小细节。你的幽默中藏着对彼此的了解，哪怕是他身上的小缺点，此时也会莫名增添一分浪漫的色彩。

浪漫出击：情人节告白攻略

情人节这一天是向男（女）朋友表白的绝佳机会。错过这一天，也许一生就从此擦肩。如果是你，该怎样打动对方？

一般话术：

亲爱的，做我的男（女）朋友吧。我知道，爱是需要勇气和决心的。所以，在这个情人节，我想鼓起勇气，对你说出那句藏在我心底已久的话——我爱你。

幽默话术：

男生：我惊奇地发现，你对我来说有个特殊的作用。因为，我每天醒来想到的第一个人总是你，看来我需要去检查一下脑袋，它是不是把你设成了闹钟，时刻提醒着我想你。

女生：第一次见面时，我就觉得你看起来特别顺眼，一定是上天派来拯救我的。今天是情人节，所以我决定让你永远留在我身边！

幽默的表白方式，可以让彼此都放松下来，也能够创造亲近感。如果被拒绝，双方也都不会觉得很尴尬。况且成功率这么高的方式，你确定不试一试吗？如果对方接受你的幽默表白，就可以继续增进感情。

与众不同的求婚：幽默也是一种方式

假如此时，你做了一生中最重要的决定——向她求婚。你会如何表达？过去相处的点点滴滴在脑中不停地闪烁，究竟哪一刻才是打动她的那个记忆？

一般话术：

在我心中，爱情始终是一件美好的事情。当我和你相遇的那一刻，我的人生才真正有了意义。你的一颦一笑、一举一动，都深深地刻在了我的脑海里。我想和你一起创造更多美好的回忆，一起去编织生活的甜蜜。亲爱的，请嫁给我，让我们一起编织属于我们的故事。

幽默话术：

亲爱的，你知道为什么我每天都要喝咖啡吗？那是因为我要时刻保持清醒，把状态最好的我展现在你面前。不过，现在我决定要把咖啡戒掉了，因为从今往后我要改成喝蜂蜜了。因为想念你太苦，你嫁给我以后生活必须处处都是甜蜜的。所以请嫁给我吧，让我们一起清醒地度过每一个甜蜜的日子吧！

求婚不是一次性的浪漫，而是一个承诺，今后的生活会不会充满惊喜？一个懂得幽默的男生，肯定不会让女生哭泣。所以求婚也不必太严肃，因为你们早已相知，只是还差一点儿勇气而已。

另一半生病了：笑话也可以是良药

男（女）朋友生病时，其实也是表达爱意的绝佳时机，小小的幽默同样会增进彼此的感情。轻松而温暖的气氛也是一剂良药，医生开的药方能治愈他的身体，而你的鼓励才能疗愈他的内心。

她生病时，你一定很担心。但是为了表示鼓励和安慰，你总该说些什么。哪怕只是一个小笑话，也能让她暂时忘了病痛吧。

一般话术：

亲爱的，我知道你现在很不舒服。放心，我会一直陪在你身边，一切都会好起来的。多休息，多喝热水，很快你就会没事的。

幽默话术：

你看吧，我就说平时不要瞎许愿。你总说想让我伺候你，结果真成了医院里的 VIP 了吧？现在好了，你倒是可以躺下享受悠闲的时光了，我就惨了，得寸步不离地照看你。好了，休息一会儿吧，你快点儿好起来，我好早点儿放假。

被另一半忽视：他（她）忘了回你的信息

你发给你的男（女）朋友一条信息，结果直到入睡也没有等来回复。第二天他（她）才回复你说收到信息时刚好在忙，后来因为事情太多就忘记回复了。对方很诚恳地和你道歉，此时你该怎么用幽默化解彼此的尴尬？

一般话术：

没关系，谁还没有记性不好的时候。下次一定记得及时回复我，不然我会等得很着急。

幽默话术：

看来你当时开启了"沉浸式工作"的模式，忘记回复我也是正常的。但是下次一定要打开"沉浸式回复"的模式，不然我会"沉浸式失眠"的。

其实不必对对方为什么没有回复你斤斤计较。包容和理解才是维护彼此关系的秘诀。如果对方主动跟你坦诚沟通，选择原谅可能让感情更进一步。如果此时能有一段幽默的表白，对方一定会记忆犹新，并且偷偷在心里给你加分。

致命陷阱：你究竟有几个前任

通常情况下，关于前任的话题都是恋爱中双方不愿意触碰的雷区。这一天，他（她）突然询问你有过几个前任，到底该怎么回复才不至于以吵架收场呢？

一般话术：

不管你信不信，你就是我的第一任。在你之前我绝对都没有其他对象，不信我可以发誓！

幽默话术：

什么？前任？能不能先告诉我什么是前任？不知道为什么，听到这个词我的心里突然有了苦苦的感觉。凭什么别人都有前任，而我的记忆里全是空白呢？你说，我是不是不够优秀呀？

自嘲和委屈会让对方觉得揭开了你的伤心话题，成为转移话题的铺垫。幽默轻松的氛围并不会显得不严肃，反而恰恰会缓解双方尴尬和紧张的气氛。最后，抛给对方一个"我优不优秀"的问题，如果对方回答"是"，那就夸他（她）眼光独到；如果对方给出否定答案，那就委屈地说："所以我没有前任。"

灵魂拷问：你究竟爱不爱我

不管是在甜蜜的约会中，还是在吵架生气的时刻，"你到底爱不爱我？"这个问题似乎是出场率最高的"灵魂拷问"。如果你想要让对方破涕为笑，那就一定不要只回答一个"爱"字。

一般话术：

当然爱你呀，不然我为什么还和你在一起呢？这种问题不是明知故问吗？

幽默话术：

等一下，请给我一些时间，我得想想该怎么回答你。因为现在我对你的爱就像火山喷发一样涌了上来，突然不知道从哪里开始说起了。你想听最近的，还是想听刚认识你的时候的？

面对这种问题，千万不要简简单单地说"爱"。这种答案在对方心里简直就是一种应付，如果对方正在和你闹别扭，这种回答还可能加重矛盾。想哄对方开心的话，就动一动脑筋，带上点幽默，对方真正的意图不是想听你的答案，而是想看你的行动。

百口莫辩：情侣抱怨你和异性走得太近

你的另一半是个醋坛子，而你最近因为业务上的关系，和其他异性频繁接触。这件事引起了她的警觉，于是就出现了这样一幕：你的另一半坐在沙发上等你回家，气冲冲地质问你和那个异性是什么关系。

一般话术：

我和她只是业务上的往来。我这个人你还不了解吗？你有点小题大做了，真的没有必要这么紧张。

幽默话术：

亲爱的，你这么问我真的开心到飞起来了！没想到你这么在乎我。我跟她只有工作上的合作，没有感情上的火花。我的心可是一直坚定地在你这边站岗，绝不擅离职守。

回复的关键是既要让对方感受到你的诚意和爱意，又能通过轻松有趣的话语化解她的不满。

第一次登门：不一样的自我介绍

第一次去他（她）家里，心里一定很忐忑吧？俗话说"丑媳妇早晚要见公婆"，但第一印象确实蛮重要的。究竟该怎么做自我介绍，才能更加分呢？

一般话术：

叔叔、阿姨好，我是XXX。第一次见面，我心里真的很高兴。总是听他（她）说起您二位，一直盼望着早日见面，现在这个愿望终于实现了，我感到非常荣幸。

幽默话术：

男生：叔叔、阿姨好，我是XXX。今天能有登门拜访的机会，让我兴奋得一夜没睡，感谢你们给我这个"实习男友"转正的机会！自从我发现她是个宝藏，我就发誓一定要好好守护她，请你们放心，我会把她当公主一样宠的！

女生：叔叔、阿姨好，我是XXX。今天有幸见面，我既紧张又兴奋。我的性格比较外向，在我们两个人之中，我属于"气氛担当"。如果不嫌弃，我可以经常来陪你们，家里绝对比平时热闹十倍。

第一次见家长，是一件马虎不得的事，但不一定非要拘谨地去对待。适当的幽默也是拉近彼此距离的方式，轻松活泼的氛围更能让对方产生好感。但一定要把握好尺度，否则就会适得其反。毕竟，长辈们都喜欢稳重的女婿和贤淑的儿媳。

常见的问题：被询问家庭背景

假如你被对方的父母问起家庭背景，一问一答可能有时会显得比较尴尬，搞不好就像面试一样尴尬。要让话题在轻松的节奏下进行，最好把节奏掌握在自己手里。假如你的爸爸是一位工人，你的妈妈是一位医生，你是家中的独生子女，你该怎么回应？

一般话术：

我的爸爸是一位工人，我的妈妈是医生。我没有其他兄弟姐妹，是独生子女。这就是我家里的大致情况，你们还有什么想要了解的吗？

幽默话术：

我的爸爸是纯正的工人阶级，我的妈妈可是我的偶像，是位救死扶伤的大夫。如果有机会，欢迎你们来我家里做客，我的父母肯定会非常欢迎的。他可是经常去我家呢，我父母都很喜欢他，希望你们也能喜欢我。

这种场合的重点不在于有多幽默，而在于话术的表达方式不要太死板，自然而随意才是最好的节奏。另外，表达自己父母对另一半的看法也很必要，这同样是在树立好感，是很重要的加分项。

尴尬的问题：该怎么聊你的前任

在见家长的各个环节中，如果遇到了被问及前任的时候，恐怕没有几个人能够保持淡定。如果对方不是你的初恋，遇到这种问题，你又该如何恰当应对呢？

一般话术：

叔叔、阿姨，在我和他在一起之前，我确实还有过一段感情，但那早已经成为过去时了。实话实说，我珍惜每一段感情经历，它们也让我成长了许多。但过去就是过去了，我觉得我们现在很好，我们的感情也很稳定，所以我可以很坦然地面对。

幽默话术：

叔叔、阿姨，这就说来话长了。在我的幸福之路上，之前确实有一块绊脚石，幸亏他把我解救了。其实，我对每一次选择都会格外认真。直到他的出现，才让我确信之前的人只是过客，过去所经历的种种也都是为了让我们相遇而已。

问及前任这种问题处处都是陷阱，一不小心就会步入雷区。幽默不是把感情当儿戏，而是让对方产生认同感，所以重点是把握尺度。有时候一笔带过就可以了，对方真正关心的是你的人品，而不是你的经历。

夫妻的琐碎日常

爱人的压力：学会拿压力打趣

最近，你的事业很不顺利，家中的经济状况并不乐观。妻子每天忧心忡忡，甚至开始焦虑。每天徘徊在家务边缘，你感觉她就要崩溃了。虽然你也很难过，但必须先让她冷静下来，你才能冷静地判断问题。到底该如何和她沟通呢？

一般话术：

亲爱的，你最近的状态太差了，我很担心。我知道是因为我的原因，你放心，我会去解决的，家里会好起来的！

幽默话术：

我亲爱的老婆现在变成了"压力锅"，不过可不要随便爆炸呀，会连累到无辜的。别再给自己压力了好吗，让我来承担，因为我能承受得住。尽管现在看上去不太顺利，但我相信都会好起来的。要不我们去外面走走怎么样？

不管夫妻之间如何恩爱，一旦生活中出现了压力，就会迅速传导到家人的身上。所以理性地看待这些压力，用适当的方式排遣。你可能需要营造一些小浪漫，日子才不会那么紧张，幽默也是不错的选择。

结婚纪念日：拯救你们的浪漫

糟糕，你忘了今天是结婚纪念日！现在竟然两手空空，什么都没准备。你只好匆忙地订了饭店，又买了一束鲜花，总算是勉强及格了。四目相对时，你发觉妻子的神情有些幽怨，似乎该说些什么给自己圆圆场了。

一般话术：

老婆，对不起！我确实工作太忙了，忘记了结婚纪念日。但我已经尽力补救了，要不咱们马上就去买你最喜欢的那个包包吧，好吗？

幽默话术：

老婆，看来我们的日子过得真的太幸福了！我陷在你给我的甜蜜里，竟然天天都像在度蜜月，以至于我都忽略了我们的结婚纪念日。你这样会把我惯坏的，今天轮到我补偿给你一个惊喜了。你现在许愿吧，我都会帮你实现的！

这一次，你的幽默感可能会拯救你，这么重要的日子难道不该被设定成专属闹钟吗？当然，这也是一句玩笑。如果平时总是无微不至，谁又会过分在意一个"结婚纪念日"呢？每天给她讲一个笑话，你们的生活会更加甜蜜。

回忆往事：送分题，还是送命题

婚后的时光是如此平淡，各自奔波忙碌，只为了让生活更好。难得和妻子逛街，看到热恋中的男女，妻子突然陷入了回忆，然后便满怀期待地问你什么时候最爱她，是现在还是过去？你该怎样说？

一般话术：

为什么突然这么问？无论是现在还是过去，我都一样爱你。说真的，这份感情不会因时间和空间而发生任何变化。

幽默话术：

这个问题问得好！过去，我对你的爱，就像刚出炉的面包那样热乎；而现在我对你的爱，就像一瓶陈年老酒那样醇厚。你说，到底是冒着热气的面包更香？还是陈年老酒更醇呢？所以，只是爱的方式发生了改变，但爱意从未消减！虽然我很风趣，但每一句话都发自肺腑哇。

伴侣问你什么时候更爱她，这显然是一道藏着陷阱的考验题，答好了就是送分题，答不好就是送命题。一段幽默风趣的比喻，并不会让妻子觉得应付，再配合上眼神和肢体动作，很难不令她动容。

老公的绝招儿：巧妙应对翻旧账

每当两个人因为一些"鸡毛蒜皮"的小事拌嘴，妻子总是会翻出"账本"来，——和你清算。比如，某年某月某日，你说了伤害她的话，她为此哭了一整晚。现在，你不得不为过去的愚蠢行为解释，而且还要把这次的事情也解决掉，简直焦头烂额。这时你该如何应对？

一般话术：

那些肯定是气话呀！怎么过去这么久了还翻旧账呢？难道我们就不能把这次争论的事情先处理好吗？我们都冷静一点儿行吗？尤其是你。

幽默话术：

果然，还是我的老婆记性好！我就不行，在你面前就是个失忆症患者。不如这样吧，别老记住那些不开心的，我们来比一比，看看谁记得的美好时刻最多。谁赢了，就给谁大大的奖励。怎么样，敢不敢跟我比？

幽默是为了避免吵架升级，千万别弄成了挑衅。把她的注意力从不好的记忆中转移出来，引导她多回忆两个人快乐的点点滴滴，这才是正确的方式。否则压住怒火，用同样的方式报复，只会让事情越来越无法收拾。

鼓励的力量：让他告别敏感

最近，妻子很敏感。无论是看到好看的衣服，还是漂亮的口红，她总是唉声叹气地说自己越来越老了，已经配不上这些东西了。你当然不这么想，谁不想让自己的妻子比别人美丽，那该如何给她恰如其分的鼓励呢？

一般话术：

亲爱的，你当然不老了。再过二十年，你在我的心里依旧是个公主。不管你穿什么，在我眼里都是最美的，你一定要自信！

幽默话术：

什么，你居然说自己老了？你知道吗，我一直把你当作动力。每当我感慨自己老了的时候，就会看看你，我的妻子还这么年轻，我怎么会老呢？再说，无论怎样，都有我陪着你。你还会觉得变老有那么可怕吗？

人总有脆弱的时候。当你的爱人，因为岁月的洗礼而变得不再年轻，你需要鼓励她坦然地面对。没有什么比陪在她身旁更有安全感的事了，路要相伴而行，心要连在一起。打破她阴郁的思绪，幽默只是一个小手段而已。

妻子的抱怨：再忙别忘了陪伴

成年人最大的辛酸，就是因为工作太忙，或是应酬太多，而忽略了对妻儿的陪伴。此时，忍耐已久的妻子正用幽怨的眼神提醒你，难道就不能多给她和孩子一点儿关注？你该如何回应？

一般话术：

你别这样看着我，我心里发慌。我真的错了！但都是为了工作，我也没有办法，不然怎么赚钱养家呢？你也得理解理解我，等我忙完这阵子我们全家一起去旅游怎么样？

幽默话术：

哎呀，你不提醒我，我还真的没注意到，我被工作"绑架"了。从现在起，我要你24小时贴身保护我。现在赶快把我后面的行程都预约满，不然有工作塞进来，就又要被"绑架"了。

工作只是为了更好地生活，而不要把工作当作生活，亲情更为重要。家人是需要陪伴的，不要让工作占满整个生活，否则金钱和工作就没有了意义。努力让家中充满欢歌笑语，才是真正的人生。

适度的夸赞：感动是一种黏合剂

有时候，幸福可能就藏在只言片语之中。当你的妻子穿上一身新衣服，或是你的丈夫有了一点儿小成就，你的夸赞便是一种认可，这可是维持伴侣感情浓度的秘籍！该怎样用你的幽默去感动对方呢？

一般话术：

丈夫：你穿这身衣服真好看！还是我老婆漂亮，穿什么都好看！

妻子：你真棒！这说明我的眼光是没错的。继续加油！

幽默话术：

丈夫：哇！这是谁家的明星？不去走红毯，怎么跑到我家来了？赶紧把墨镜和口罩戴上，不然我怕你的粉丝堵到家里来！

妻子：我果然没看错，你就是我入手的潜力股哇！

生活中，夫妻之间的夸赞是为了表达对方的认可和鼓励，附加一些幽默元素，更能让对方感受到你的支持和爱意。同时，别忘了加上微笑和真诚的语气，一定要让他感受到你满满的诚意。

那些相亲名场面

初次见面：不一样的自我介绍

这是你第 N 次相亲，但还是免不了害怕给对方留下不好的印象。所以，准备一段独特的开场白，显得尤为必要。

一般话术：

你好，我叫 XXX。初次见面，请多关照。

幽默话术：

男生：你好，自我介绍一下，我叫 XXX，是你今天的相亲对象。别担心，我的职业不是查户口，只是喜欢分享一些有趣的生活而已。如果我没照片上帅气，也不要着急报警，毕竟这还算不上诈骗，不是吗？

女生：你好，我是 XXX。因为是第一次见面，可能我有些紧张，请先给我一点儿时间"解冻"。不过，一会儿千万别觉得我不严肃，我只是一个比较幽默的女生。

相亲中，最尴尬的就是初次见面的场景。两个人互相还不够熟悉，但是又要在短时间内找到话题，处理不好就是"大型翻车现场"。适当地加点儿小幽默，爽朗的性格，可能会让对方慢慢"放松警惕"。但千万别幽默过头了，如果不合适，也没有那么尴尬，找不到男（女）朋友，交个朋友也不亏。

独处时光：如何开口与她约会

这次相亲很幸运，你遇到了一个心仪的女生。下一步当然要看看她的感觉，如果可以，最好找一个轻松一点儿的环境，获得追求的主动权。

一般话术：

聊了这么久，你觉得我怎么样？如果可以，我想问问你明天有没有时间？我可不可以约你去看一场电影呢？

幽默话术：

其实，我很喜欢听你说话的感觉，特别想就这样一直坐在这里倾听。但是我的脑袋里突然不停闪烁着一个想法，迫使我不得不赶快问问你——明天还能不能再见到你？我听说最近刚上映了一部超好看的电影，特别想和你一起分享。其实，不好看你也没什么损失，顶多是又多看了一部烂片而已。

向对方提出约会，最重要的是保持真诚和自信，表达得当的幽默会成为加分项。如果相处的氛围一直轻松愉快，就会提高成功的概率。也要记得给她足够的考虑时间，如果她表现出兴趣，你就可以进一步了解她，很可能成功就在眼前。还有最重要的一点，别光顾着追求或表现风趣，还要给她安全感。

怦然心动：与心仪的人约会

对面的这个男生，看起来还不错，各方面都蛮符合你的标准。糟糕，他提出了明天一起去看电影！尽管有一些好感，但身为女生的你，就算答应也要含蓄一点儿。相亲的节奏，可是要掌握在你手里的。

一般话术：

当然可以，我也很喜欢看电影呢。看哪一部就由你来选吧，我也好奇你在欣赏电影上会有怎样的品味，能不能追上我的欣赏水平？那就说定了，我们明天见吧！

幽默话术：

当然没问题，不过我先给你出一道题吧，你猜我喜欢喜剧片、恐怖片还是爱情片呢？另外，我很注重看电影的氛围，千万别忘了带上你的幽默和好心情。

就算再欣喜也要保持淡定和自信，幽默其实是为了掩饰内心的小激动。往往一说一答的小互动更能增进彼此的了解。别忘了，给他留一个小题目，除了能引起他的兴趣，还能验证他对你的重视程度。

打破冷场：挽救气氛的终极秘术

相亲时最担心的事还是发生了，尽管用尽了浑身解数，还是冷场了。相亲的路上果然崎岖不平，如果还找不到继续的话题，恐怕这次又要以失败告终了。赶快开动脑筋，该怎样说才能挽救快降到冰点的气氛？

一般话术：

看来你对我们刚才所聊的话题不太感兴趣，没关系。不如我们换个地方，出去走走，兴许能多一些了解。当然，如果你觉得很不自在，那今天我们就到这里，改天再继续？

幽默话术：

看来我们的话题走进了死胡同。没关系，就像走迷宫一样，退回去再试试别的途径。哦，对了，我听别人跟我说，如果没遇到过冷场，就不算参加过相亲。这时候马上点杯热饮，只有热的东西才能点燃热情。要不要试试看？

其实，冷场并不可怕，可怕的是不会救场。缓和尴尬的气氛，没有比幽默和自嘲更好的方式了。但是要把握分寸，否则会让对方对你的印象大打折扣。及时转移话题，寻找对方的兴趣尤为关键。

学会说不：拒绝不都是冷冰冰的

对面的男生虽然不错，但并不是你喜欢的类型。似乎他对你很感兴趣，想约你看一场浪漫的电影。你当然不想直白的拒绝，毕竟他并没有什么不好，也许委婉加风趣的风格会让彼此没有那么尴尬呢？

一般话术：

不好意思，我一会儿还有点儿事，恐怕不能跟你一起去看电影了。不如这样，如果哪天我有时间，我给你打电话。

幽默话术：

其实，我一直觉得看电影这件事不太适合我，因为一到昏暗的环境里我就会不自觉地睡着，朋友都叫我"电影睡客"。况且，老板总是交给我写不完的报告，总不能这么大了还像个交不上作业的小学生吧？放心，下次我一定会尽量先处理完工作的。

所谓拒绝的艺术，就是把问题都揽自己身上。有时候还需要找一个挡箭牌来防止对方改变策略，一个工作狂老板可能就是最好的选择。记得在幽默中再夹杂点无奈，这就是拒绝的"万能公式"。

回应尴尬：不好回答就用幽默回应

当你并不看好的相亲对象，突然问起你对他有没有感觉时，该如何不失优雅地回复他？沉默不语，然后莞尔一笑？还是直言相告，你对他并不"感冒"？真的好难，仿佛被拒绝的是自己，而不是对方，真不明白为什么自己会替别人感到尴尬。

一般话术：

其实，你是一个挺好的人。可能是我比较迟钝吧，不然也不会经历了这么多次相亲也找不到合适的人。

幽默话术：

突然听到这么关键的问题，我感觉有点儿像热锅上的蚂蚁。我感觉你就像一本书，封面看着感觉还不错，但内容还需要给我点儿时间探索一下。说实话，这是我们的第一次见面，自然谈不上"怦然心动"。毕竟得有一个慢慢了解的过程。不过，你的问题确实让我紧张到"心动"了。

感情的选择本就是双向的，有的用理智，有的凭感性。如果你对他没有感觉，可以诚实地表达，但也要注意用词和语气。如果感到为难，幽默地回绝也是一种互相保护的方式。

我是潜力股：被问经济情况怎样回答

相亲过程中，"有没有车""有没有房""有多少存款"可能是永远也逃不过的话题。毕竟很多人觉得：幸福的婚姻，应该建立在良好的物质基础之上。所以，经济状况也就成为筛选伴侣的重要条件之一。如果你只是初入职场的小白，家里也没什么"背景"，一旦被女生问起这类问题，又该如何绅士地回避呢？

一般话术：

我现在有一份稳定的工作，薪水还不错。虽然我还没有实力拥有车、房，也没什么积蓄，但我相信未来一定不会辜负我的努力的！

幽默话术：

我觉得，找另一半就像买股票，最好选择潜力股。因为一起享受拼搏的过程，才会让感情更加稳固，而且它还会给你源源不断的惊喜。如果是绩优股，不但入手价高，而且一旦跌停还会被套牢。如果庄家做空，那岂不是亏得一塌糊涂！不如考虑一下我这支潜力股？这么聪明的脑袋，怎么能给不了你幸福？

不管是不是潜力股，为自己的前途、为两个人以后的幸福而努力才是最重要的。可以用玩笑来化解尴尬，可以用玩笑来展示机敏，但绝不是用玩笑来对待感情和承诺。

痛并笑着：风度是最后的志气

好不容易鼓足了勇气，向心仪的女生说出了感人肺腑的表白。但令人沮丧的是，得到的答复却是无情的拒绝。既然不能强求，也不能轻易放弃，那就暂且给自己一个华丽的转身，下一次再接再厉。可是，什么样的台词才能给自己打气呢？

一般话术：

没关系，是我不够优秀。但我也不会轻易放弃，我会继续努力的。放心，只要你需要我，我就会出现在你身边，绝对不会让你为难。

幽默话术：

其实，我很庆幸是被你拒绝。你那么优秀，至少没有人会觉得我很丢人。只要你还没把我烦到骨子里，我就还会继续努力。如果把跟你表白当一场考试，总不能次次都不及格，总有一天我要拿一个好成绩，到时候我非要扬眉吐气一次不可。

感情面前，人人都有选择的权利，所以被拒绝也在情理之中。时刻保持风度和幽默，才说明她的选择是错误的。真正的感情应该是成全，而不是得不到就唾弃。

被问隐私问题：以牙还牙式的幽默

在相亲时有没有被对方问起过初恋？如果是对方主动问起这么隐私的问题，这确实有些冒昧。但先别随便发脾气，毕竟还要保留点儿涵养。先看看幽默高手都是怎样反击的。

一般话术：

我想这个问题暂时还不在我们的讨论范畴。如果你真的感兴趣，至少得等我们真的确立了恋人关系，我才能告诉你。但很不幸，我们现在还什么关系都没有呢。

幽默话术：

我想还是先留一个悬念吧，毕竟估计我能够吸引人的地方并不多。多给自己留一个噱头，没准儿还能得到更多的关注呢！那么你呢？你又如何看待这个问题？

用自嘲的方式来回避敏感问题，是一种常用的社交手法，加点儿风趣的比喻，效果可能会更好。虽然有点儿感觉隐私被冒犯，但不喜欢谈论这话题也不必非要动气，可以选择把皮球踢回去。看对方犯难的表情，也许更有趣。

结账时刻：饭后对方要求AA制

如果你成功约见了亲朋好友介绍的女生，你对自己今天的表现还算满意。饭后，你们正在闲聊，对方突然提出这顿饭想要 AA 制。你该怎么回应？

一般话术：

为什么要 AA 制呀？不管结果怎么样，我是男子汉，都应该由我来请。

幽默话术：

哦，好的。你跟我想一块儿去了，你付出了时间来见我，那我就付出金钱来招待你这顿饭吧。这是最公平的 AA 制了。你说呢？

一起吃饭，女生提出 AA 可能是因为她没看上你，不想拖欠你什么，也可能是想试探你一下。这个时刻，要保持男性的优雅和风度，给对方留下一个好印象。

甜蜜信息：下次我们去哪儿玩

当你战战兢兢地熬到了相亲结束，女孩儿突然对你说"下次我们去哪儿玩呢？"这无疑是一个非常好的信号。如果你对对方的感觉还不错，下面的回答很可能是你们拉近关系的关键。想一想，该怎么用幽默话术来回答？

一般话术：

真的吗？如果你愿意的话，咱们下次就去游乐场吧，我觉得挺好玩儿的，你一定会喜欢！

幽默话术：

其实，在你问我之前，我的脑海中早就有了一个好地方。但是为了保留一些神秘感，我还是要卖个关子。不如把你的电话号码或者微信先给我，在我想公布答案的时候悄悄地发给你，你觉得怎么样？

这样的回答不会很冒昧，也显得神秘感十足。可能你们还不够了解对方，从微信朋友圈里或许能够找到你想要的答案，那正是很有意义的参考。就算这样获取不到有意义的信息，至少有了对方的联系方式，这就是一个好的开始。

左右为难：对方邀请你见父母

刚刚见了一面的相亲对象，突然打电话给你，说要让你见见他（她）的父母。这样的要求让你有些难以接受。如果你并不想操之过急，又不想伤害对方，如何用幽默来拒绝？

一般话术：

虽然我很想去，但还是得跟你表示歉意。咱们才刚刚见面，彼此还很不了解，这么做有点儿操之过急了，要不再等一等呢？

幽默话术：

这是不是说明我在你心里已经过关了？我太开心了，要不是现在太晚了，我真想马上就过去。但是说实话，我还没有过我自己这关，因为最近老在单位熬夜加班，脸色就像出土文物一样灰头土脸的，我觉得还是得给你的父母留下好印象，给我一段时间调整下，我会以最佳的精神面貌，接受他们的"检阅"的。

实话实说未免显得太没有情商了，反而站在对方角度上化解这个问题是最理智的。既表现出对对方父母的尊重和重视，也表现出自己的幽默和大方，应该是最为有效的缓兵之计。什么时候恢复好状态，当然由你说了算，如果对方再次询问的时候，可能你已经有了万全的对策了吧。

第二章

家庭篇

>>> **和孩子沟通的正确方式**

学会拒绝：对无理要求说不

天底下没有不爱孩子的父母。面对孩子的需求，几乎所有父母都会无条件地满足。但是，一旦遇到一些无理要求，是不是也会令你头疼不已？比如，你的孩子哭着喊着要买一部新手机。显然，打骂解决不了任何问题。那么，到底该如何与孩子沟通，才能既不伤害他的心灵，又能让他明白道理呢？

一般话术：

孩子，你为什么想要一部新手机呢？是旧手机坏了，还是你有什么特别的需求？如果你真的想要，那就看看这学期的期末成绩吧。如果你考了前十名，我们就答应给你买一部新手机。

幽默话术：

我们觉得这个事情可以考虑。但是，你必须先明白一个事情，买了新手机之后会有很多副作用，看看你是否能够接受。首先，买新手机就要多出一笔预算，所以很多开销就必须节省了，比如你的零食和新衣服。另外，它可能会影响你的学习和视力。那样的话，你可能连平时的奖励也要失去了，你确定还要买吗？

与孩子沟通，要注意语气平和，大叫大嚷只会吓到孩子。尝试幽默地、平心静气地去谈问题，最重要的是要让他明白道理和得失。

适时鼓励：让孩子更懂得坚强

如果你的孩子遇到了挫折，及时给他鼓励就是"当务之急"。但是，很多家长并不懂得如何和孩子沟通，只会说一些大道理。孩子要么理解不了，要么听不进去。现在给你出道题，如果你的孩子输掉了一场比赛，此时正垂头丧气。如果你是家长，该如何让他振作起来？

一般话术：

孩子，只不过是一场小比赛而已，不要这么在意。"失败乃成功之母"，不经历失败哪来的成功？振作一点儿，总结好失败的经验，咱们下次再接再厉如何？

幽默话术：

看来你真的很重视这场比赛。但是你要知道，就连超人也不是天下无敌，他也有害怕的东西。其实，你的对手也十分厉害，你的表现已经和超级英雄差不多了，我们都为你的表现感到骄傲，只是少了一点儿运气而已。想要打败怪兽，就要先找出弱点。如果在这里唉声叹气，还不如现在就准备下一次的反击，让他见识见识你真正的实力。

鼓励孩子，要选择能吸引他的话题。如果孩子赢了骄傲自满，也可以用同样的道理来提醒他。没有什么能比风趣的言辞更能打动孩子的心，讲故事才是他最喜欢听的。

诱导替代催促：如何对付拖延症

为什么孩子都喜欢拖延和磨蹭？这好像是个世纪难题。你越是着急，他反而越是淡定，有时真的让人很生气！碰到这种情况，你都是怎样处理的呢？

一般话术：

难道你就不能赶快把早餐吃完吗？难道你就不能给自己列一个计划，按时去完成吗？马上行动就那么难吗？如果我当初是这个样子，你的奶奶恐怕早就疯掉了！

幽默话术：

宝宝，你知道不磨蹭的好处吗？首先，你会受到我们的表扬，你会变得越来越自信；其次，爸爸妈妈会更爱你，说不定还能给你大大的奖励；最后，可以把节省下来的时间变成娱乐时间，我们可以带你去游乐园玩上一整天。你要怎么选？

在"拖延症"的问题上，与孩子针锋相对反而会适得其反，因为让孩子害怕本身就是在增加孩子的抵触心理。只有找到"病根"才能对症下药，但首先要用你幽默的沟通方式，消除孩子的焦虑情绪，然后再试探性地采取解决办法。所以，面对有拖延症的孩子，一定要淡定！

面对叛逆：幽默比打骂更管用

如果你的孩子很叛逆，那么恭喜你，没准儿你看到了当初的自己。是不是感觉你说什么他都不听？你做什么他都显得很焦虑，动不动就耍脾气？这可能是孩子的心理出现了问题，需要及时沟通和疏导，但方式方法尤其重要！

一般话术：

真不知道你最近是怎么了！你看看别人家的孩子，听话又懂事。为什么你就像一头野驴一样倔强？到底要我怎么做，你才能听话？我说的一切不是为了你好吗？

幽默话术：

宝贝，我现在终于知道了基因的强大，知道当初我是怎么气你爷爷的吗？你又知道我的屁股上挨揍的鞋印，最多的时候有多少吗？你真应该庆幸你的爸爸是我，总能保持耐性和你沟通。说到这里，我还得去跟你爷爷道个歉，自从你开始叛逆，我们的父子关系变得越来越好了。

解决孩子叛逆的难度绝对排得上前十名，但万万不能打骂，除非你想试试他倔强的威力。一定要保持耐性和幽默，营造良好的关系。孩子总有长大的时候，现在的叛逆多数都是心理问题，所以别让你们的关系继续恶化，采取朋友式的交流可能更有效。

无奈的青春期：让孩子自己决定

孩子一旦进入青春期，他（她）的空间和情感就会变得越来越独立。此时，最令家长们头疼的莫过于关于异性的问题。这不，老师悄悄地找到你，说你的孩子最近和一位异性同学来往密切。面对这种情况，你该如何劝导孩子？

一般话术：

虽然你和那位同学关系要好，但也要注意保持距离。毕竟，你们还是学生，主要的任务是学习。

幽默话术：

看到你长大了我真开心，像我当初一样有魅力！但是作为家长，我还是有义务提醒你，你对事情要有判断力，要保护好她（他）和你自己，别做出令双方都后悔的事情。另外，我再教你一个绝招儿：适当地保持距离，才能保持你的魅力和吸引力。这招儿对你妈妈（爸爸）就特别有效。

这是每个孩子成长的必经阶段，如果发现苗头，先不要着急采取行动，要看准时机再进行干预和诱导。切忌采取过激的言行，因为这不仅解决不了问题，还可能导致离家出走等极端行为。最好用幽默来拉近你们的距离，先赢得信任，再帮他（她）冷静地分析。

十万个为什么：激励孩子探索问题

有没有发现你的孩子就像"十万个为什么"，问题总是张口就来，仿佛魔法攻击一样，令人防不胜防。遇到知道的问题还好办，遇到不懂的真是有点儿焦虑。虽然你很想拒绝，但怎么能忍心打击孩子的求知欲？那到底该用怎样的方式回应才好呢？

一般话术：

宝宝，这个问题我真的答不上来了。不如咱们一起去图书馆找找答案，好吗？

幽默话术：

虽然我觉得我念的书一定比你多，但是却真的被你的这个问题给难住了！等我把它记下来，专门组织一次家庭研讨会，看看你的爷爷奶奶有没有更好的建议。

永远也别破坏孩子提问的兴致，这是他身心发育和启蒙的"益智游戏"。如果你经常表现出不耐烦，对于孩子就是一种打击，甚至还会变得消极，这种做法最不可取。而用风趣的语言鼓励他多多提问才是聪明的父母，万一遇到难以解答的问题，那就尝试引导孩子自己去学习。

成绩焦虑：该调整心态的是你

家长无疑最关心孩子的成长和成绩，如果孩子的考试成绩不理想，往往就会显得无比焦虑。有一天，你的孩子从学校带回来考试成绩单，显然和你期望的差了十万八千里。此时，你又该作何回应？

一般话术：

孩子，我想你肯定也对这次考试的成绩感到失望。考试只是检验学习成果的一种方式，成绩会有波动，但这并不代表你的能力不行。我们一起找出问题出在哪里，下次一定不会犯同样的错误。

幽默话术：

孩子，我觉得我们应该庆幸，幸好是在平时的模拟测试中出了问题，这正是给你找出知识欠缺的机会。考试就像一场大戏，你也得允许失败临时客串一下，但是别让它成为主角，否则你的大戏可就成了闹剧。

"望子成龙"几乎是每个家长的心愿，但也不能过分看重孩子的成绩。让孩子在轻松愉快中成长，为孩子培养积极向上的兴趣，才是家长要做的事情。正面引导才能赢得信任，在幽默风趣的亲子氛围中，更能激发孩子学习的动力。

夺命作业：说笑间爱上学习

在众多的亲子场景中，令多数家长不堪回首的经历居然都是给孩子辅导作业。看似无比寻常的场景，为何会让家长崩溃，甚至大发雷霆？其实，正是这种错误的应对方式，让你的孩子陷入了困境。那究竟怎样才是正确的应对方式？

一般话术：

你怎么能这么笨呢？连这道题都不会？你可是小学生啊，到了高中你可怎么办？总不能让我替你去参加考试吧？我的智商也不至于那么低吧，哪怕你能遗传我一点点呢！

幽默话术：

孩子，就凭你在作业里耍了这么多花样，我就不相信你真的会那么笨。如果你认真地做作业，你会发现玩耍的时间越来越多。随着你受到的批评变少，你会惊奇地发现自己越来越受老师和同学的欢迎。这绝对是真的，不信你试试！

保持微笑，不只是说说而已。孩子们往往是最敏感的，巨大的压力会让他们不知所措，进而对学习和作业产生抵触情绪。此时，适当地展现你的风趣，会让孩子爱上学习。

花式表扬：别只会说"你真棒"

如果你的孩子刚刚取得一点儿小成绩，当然要给他一点儿鼓励。但你有没有想过，同样都是表扬，到底什么样的话术最能直击孩子的心灵？你的夸奖是不是也该变一变了？

一般话术：

孩子，你真棒！我和妈妈（爸爸）都为你骄傲。作为奖励，我们决定带你去吃一顿大餐！但是你还是不能骄傲，一定要再接再厉，知道吗？我们期待下一次，你能给我们更大的惊喜！

幽默话术：

我就说吧，我的宝贝当然是最棒的！在家里能做家务，从小就有自理能力；一个小时就能完成作业，办事极有效率；晚上能自觉按时睡觉，非常自律；爸爸妈妈不在身边也能照顾好自己，是如此独立；而且怎么夸都不骄傲，还特别谦虚！

夸赞孩子是一种技巧，千篇一律的夸奖，会让孩子审美疲劳；过度的表扬，则会让孩子自满骄傲。千万不要拿其他孩子对比，会让孩子产生自卑心理，可能你还不知道，"别人家的孩子"都是夸出来的。所以，用心思夸他，可能会得到意想不到的回报。

童言无忌：循循善诱正面迎击

对于经历过的人来说，"童言无忌"可能是一场灾难。比如，"宇宙级"的尴尬问题："妈妈（爸爸），我是从哪儿来的？"是不是90%的父母都曾经被这个问题难倒，不知道该怎么回答？

一般话术：

回避式：你还太小，该让你知道的时候自然会让你知道的。

胡扯式：你当然是充话费送的了！

认真式：那是因为，爸爸妈妈结婚了，自然而然就有了你呀。

恼羞成怒式：去，去，这么小，问这个干吗？去一边玩儿去！

幽默话术：

你当然是从妈妈的肚子里出来的了。当然，妈妈是不忍心把你吞进去的，你是妈妈和爸爸感情的结晶。你在妈妈的肚子里面住了十个月，然后就来到这个世界了。你长大后，也会当爸爸（妈妈），到时候就明白了。

回避和撒谎，从来都不是回答孩子问题时应该有的方式。即使是让人害臊的问题，也要根据年龄循循善诱地回答，因为逃避只能让他更加好奇。幽默恰好可以烘托气氛，你只是给他讲述知识，又有什么好尴尬的呢？

与父母的相处之道

催婚日常：大龄青年的痛

假如你是大龄未婚青年，"我什么时候才能看到你结婚？"一定是你的父母经常挂在嘴边的问题。总不能每一次都一逃了之，每一次你都是怎样回应的呢？

一般话术：

我还年轻，您着什么急？再说，我的事业还不稳定，还不想考虑这些事情。该结婚自然就结婚了，我心里有数，您就别瞎操心了！

幽默话术：

您别着急，这不是没找到合适的嘛。结婚可不支持"七天无理由退货"，万一找到个不合适的，我又没有地方"退货"，所以肯定要慎之又慎。去菜市场买菜，还得挑挑拣拣，货比三家呢。更何况这事关咱们家基因的延续问题，我能不好好选选吗？

现代人的恋爱观和婚姻观与老一辈不太相同，所以难免被父母各种花式催婚。如果父母始终无法接受你的解释，那就让他们开怀一笑。毕竟面对你这样的"活宝"，还真有可能舍不得交给别人了。

疯狂催生：父母永远的心病

你是个事业刚有起色的白领，家庭和睦，生活温馨。为了工作上的发展，你顾不上个人问题，虽说早已结婚，但始终没来得及考虑孩子的问题。但父母对你们这种"二人世界"的生活很不满意，催生就成了每次见面必聊的话题。

一般话术：

我现在的工作刚有些起色，真的顾不上生孩子的事情。而且，养育孩子也需要物质基础，我现在还年轻，拼搏几年再说吧。

幽默话术：

生孩子可是天大的事，怎么能着急呢？必须要天时、地利、人和都具备，要生就要生个"人中龙凤"，不然怎么对得起你们这么优秀的基因哪！再说，你孙子不得住大房子，上好学校？放心吧，我肯定努力，说不定哪天突然就给您一个大惊喜。

"催生"不知在什么时候成为社会普遍存在的一种流行现象，甚至不乏催生二胎、三胎者。本质上，催生就是传统观念与现代观念之间矛盾的产物。拥有孩子固然重要，因为新生命的意义也是获得幸福感。但家庭的和睦更加重要，因此，没必要给彼此那么大的压力。

打探状况：别总报喜不报忧

哪有父母不疼儿女的，你独自在外打拼时，你的生活和工作的情况就是他们最惦记的事情。异乡的工作和生活哪能没有烦恼，面对父母的关怀也只能报喜不报忧，该如何才能让他们彻底放心呢？

一般话术：

爸妈，你们放心吧，我一切都挺好的。最近老板还说要给我升职加薪呢，生活也越来越好了，最近又租了一套大房子，正准备搬家呢！

幽默话术：

爸妈，你们就尽管放心吧，我好着呢。我现在工作顺利，生活如意，平时的状态就是"吃得好、睡得香、心情爽"，每天都过得跟度假一样。就算有时遇到点儿小挫折，还有你们给我喂"心灵鸡汤"，我简直好得不能再好了。

"报喜不报忧"是一种善意的谎言，意味着我们长大了，懂得了承担。但适当地示弱，谈一些无关紧要的烦恼也很有必要，特别是用幽默开心的语气。尽管只是随口一说的小玩笑，在父母心中却是天大的事。其实他们不在乎你赚了多少钱，只在乎你开不开心，只要他们能放心，多贫几句又有何妨？

劝你回家：抓住"双标"心理

父母最看不得作为儿女的你受苦。哪怕你只是受到一丁点儿的委屈，他们都会说："回来吧，别在外面漂着了，外面哪有家里好！"但是你怎么可能就这样回去，你们的想法又产生了分歧。此时，就是你发挥幽默才能的时候了，你会怎么回答？

一般话术：

我刚在这里站稳脚跟，怎么能现在就回去呢？都是一些小挫折，能有什么大不了的？我还得让你们住上大房子，安享晚年呢！

幽默话术：

爸妈，难道你们要把我当"熊猫"一样圈养吗？回家的生活当然很惬意，但现在的工作才是我的"人生舞台"，我还想在这上面多蹦跶一会儿呢！而且，如果我真的回家，没几天你们又要嫌我烦，肯定把我往外踢。所以我还不如直接留在这里，没准儿还能发生什么奇迹呢！

父母面对子女有时也是天底下最矛盾的生物，相处久了嫌儿女烦，看不见了又惦记，这是他们无法回避的"弱点"，绝对是针对他们"劝你回家"时一击必胜的理由。看到你坦然地开着玩笑，他们也就没有理由不放心了。

面对控制欲：别光顾着讲道理

有时候，感觉父母的世界好像和我们隔着千万里。父母觉得正确的事情，你却对它嗤之以鼻。在和子女辩论失败的情况下，他们就会改成指责和抱怨。此时，你该怎样拉近彼此的距离，让他们理解你的想法？

一般话术：

现在和你们那个年代不同了！别拿老观念看待这个事情，如果我真的按你们说的那么做了，肯定要坏事情的。行了，行了，你们别管了，我心里有数！

幽默话术：

哈哈，我是被您二老列为"问题儿童"了吗？我早就已经长大成人啦，当然会为自己的选择负责的。但是，你们也得给我点儿信任和空间嘛！再说，要想让我心服口服，最起码要等我吃了亏，才有说服力嘛，这么指责我又怎么能改变我这头"犟驴"呢？

面对父母关心自己的这份"控制欲"，不要试图去改变。造成这种情况的原因无非有两个方面：一方面是心疼儿女，另一方面则是"养儿防老"的传统观念。这需要我们和父母保持良好的沟通，寻求相互理解，因此你可以采用幽默的语言让他们放心。

安慰父母：你们并没有老去

衰老是每个人都绕不开的话题。每当你见到日渐衰老的父母，听到他们那句"看来，我是真的老了"时，如何用幽默的话来安慰他们呢？

一般话术：

爸妈，你们并没有老去，只是变得更加成熟和睿智了。你们的笑容、关怀和故事，都是我生活里最珍贵的记忆。别再说你们老了，在我心中你们永远是最年轻、最有活力的人。

幽默话术：

谁说你们老了！跳起广场舞，我都跟不上节奏，你们却云淡风轻；逛起菜市场来，我累得上气不接下气，你们却如履平地；论讲大道理，一口气说上两个小时，你们大气都不喘，要是我早就背过气去了。好了，开心一点儿，我就喜欢看你们高兴，越笑越年轻！

衰老是生命难以逃避的过程，但亲情能让衰老变得不再让人恐惧。因为陪伴和关爱是一种需要，被需要才能体现人生的意义。和父母偶尔斗斗嘴，开个小玩笑，虽然显得顽皮，却是他们最需要的那个你。

父母过寿：祝福多一点儿创意

为父母过寿当然是儿女尽孝的最好场合，也是对父母健康的一种寄托和祝愿。中国人世代对寿宴格外重视，吉祥的祝寿语也是重要环节。你会为父母的大寿准备什么样的祝词呢？

一般话术：

我祝妈妈（爸爸）福如东海，寿比南山，健康多福，心想事成，笑口常开，岁岁平安！最后，感谢您的养育之恩，祝您生日快乐！

幽默话术：

妈妈（爸爸），祝您生日快乐！今年不送祝福，改送偏方，保您年轻十岁。偏方是这样的：多锻炼、少熬夜、多喝水、少操心、多出去旅游、少跟我爸（妈）闹别扭。偏方服用方法是：每天和快乐同服。一定记得，按时服用哟！

老人想听的不一定是吉祥话，而是儿女对自己的那份在乎。不管是近在咫尺还是远在万里，父母的心永远和儿女连在一起。你的这份小幽默，对他们来说却是大大的感动。

想念孙子孙女：也有可能是想你

有时候，老人年纪越大，就越像个孩子。谁也无法阻挡爷爷奶奶想见孙子，真不知道他们是不是真的想见孙子孙女，或许只是想从儿女那里得到些许的关注。如果你正忙得一塌糊涂，父母突然来电话说要见孙子孙女，你该如何应对？

一般话术：

爸爸（妈妈），您也知道，我最近工作正是最忙的时候。等忙完了手头的工作，我就带孩子回去看您。您就放心吧，我这次绝对说到做到！

幽默话术：

爸爸（妈妈），咱们真是想到一起去了，我还真想早点儿把那个"小祖宗"送您那儿去！这不最近被工作给耽误了嘛。您那个大宝贝不仅是个懒虫，还是个馋猫，写作业不勤快，赖起床来八匹马都拉不动，干啥都不行，气人第一名。您要是等不及了，要不就赶快过来把他接走吧。

这样的小幽默，可以增添与父母聊天儿时的温馨情趣，既表明了回不去的无奈，又用"大宝贝"的调皮给父母反将一军。所以，与父母沟通不必刻意，重点是用心。

忽略陪伴父母：再忙也别忘了回家

你有多久没有询问过父母的近况了？面对日渐衰老的父母，你有没有关心过他们的情绪？当他们感到孤独、失落、迷茫的时候，你又在哪里？如果你最近很少回家，父母正因为孤独而沮丧，此时你想如何安慰他们呢？

一般话术：

爸妈，我感觉你们最近似乎心情不太好，这让我很担心。因为工作繁忙，我的确很少回来探望你们，这是我的疏忽，以后我会多回来陪你们的。

幽默话术：

让我看看，这是谁家的小老头儿和小老太太？怎么一副闷闷不乐的样子？原来是曾经嫌我麻烦的爸爸妈妈呀！现在怎么不嫌弃，反而这么依赖我了呢？看来我还是挺有魅力的嘛！现在就由你们选吧，是让我留在这里继续给你们添"麻烦"？还是让我赶快回家呢？

有时候，反向的安慰可能更有效果，这段小幽默让父母回忆起自己的双标，也会觉得很好笑。子女在父母面前永远是长不大的孩子，所以不用害羞，尽情地撒娇吧，可能他们需要的就是原来的那个你。

化解婆媳矛盾：家和方能万事兴

也许家庭中最难处理的就是婆媳之间的关系。这不，你和老公决定搬出去住，婆婆知道后十分生气。你有你的道，她有她的理，中间还有个老公在和稀泥。面对这僵持不下的局面，你该怎么办？

一般话术：

妈，您先别生气，咱们心平气和地聊一聊。我们想搬出去也有我们的道理，您的孙子也大了，房子也住不下了。再说咱们的生活习惯也不同，我们总是加班也影响您休息。为了照顾您，我们搬得也不远，还可以随时回来看您，和现在也没什么不同，您何必生气呢？

幽默话术：

妈，您先别生气。我们决定搬出去，又不是离家出走。您放心，我们会常回来看您的，您做的红烧肉总让我念念不忘呢！再有，您不是老抱怨没时间出去玩吗？我们搬出去了，您跟爸爸就可以出去旅游了，这不也是为了给您二老制造二人世界嘛！

面对婆媳关系，"针尖对麦芒"的方式最不可取。老人的付出和心情也都是为了儿女，面对很多不讲理的情况，也不必执着于讲理。真的想要家庭和睦，就要学会包容老人的坏脾气。不管是公婆还是父母，都是一家人，学会好好讲话，一点儿小幽默也许就能融化他们的心。

被嫌弃的女婿：做生活中的韩信

假如你是一个普普通通的上班族，尽管时刻都在努力，却天天被丈母娘家嫌弃。每次见到岳父岳母，也很少看到好脸色。为了维护家庭关系和睦，面对他们的挖苦和冷嘲热讽，你该如何化解？

一般话术：

爸妈，虽然我现在达不到你们的要求，但我已经特别努力了。既然我已经是您家的女婿，就请给我一些尊重。我们俩现在很幸福，金钱在我们的感情中从来就不是问题。请您二老放心，我还会继续努力，让她过上更好的生活！

幽默话术：

爸妈，别看我现在穷，但我有个聪明的脑袋呀！往往触底反弹才最让人激动，你们说是吗？当初，她看上我，也因为我是个潜力股，比起现成的富二代，我难道不是更有性价比吗？请二老放心，让我的妻子过上幸福生活，就是我的责任，我一定会为之努力的！

换个角度想，岳父母也是关心女儿，你们的目标本质上没有冲突。如果仅仅因为几个被嫌弃的白眼就彻底决裂，那你的妻子又该是什么心情？大丈夫能屈能伸，你的幽默感恰恰代表你的胸襟，能成大事者，一定能够做生活中的韩信。

和亲戚的"斗法"日常

被问工作情况：用小玩笑结束它

老家的亲戚们打招呼的方式，可能永远都是"你现在做什么工作呢？"虽然不是难以启齿的问题，但对于这种缺乏创意的问题，是不是特别想给对方一个有创意的答案？

一般话术：

我在一家公司做文案，每天就是想一想创意，写一写段子。其实，工作没有什么特别的，就像其他人一样过着"朝九晚五"的生活，希望用奋斗创造未来的生活。

幽默话术：

你听说了吗？我是一个"文案大侠"，每天的任务就是脑洞大开，不断寻找和发现创意。说实话，我的生活每天都是踏着晨露出门，披着星光归家，标准的"朝九晚五"模式。我相信这满脑子的奋斗细胞，至少能换来一箩筐的快乐，你说，这算不算是传说中的"笑"傲江湖呢？

其实，遇到这种千篇一律的问题，轻松回答就好。有趣的回答方式更能消除尴尬，因为往往问出这种问题，有一半情况是没有合适的话题导致的。当然，如果你的工作有保密性质或者不方便透露，那就用一个小玩笑结束它吧。

被问收入多少：优雅地转移话题

关于你的薪水，估计是亲戚们最感兴趣的话题之一吧？当亲戚们围坐在一起，突然被问起这个话题，多多少少可能会令人不太自然，太高了怕大家觉得你在炫耀，太少了又怕别人看不起你。如果不想正面回答，那该如何回应才是最好的方式呢？

一般话术：

普普通通吧，还过得去，反正就是能生活下去，还可以小小地攒一笔的程度。说出来怕大家笑话，还是算了吧。

幽默话术：

关于我的薪水呀，这可真是个大难题，我觉得可能跟我心情有关系。有时候我觉得挺多，花够了还能剩点儿；有时候我觉得太少，没花尽兴就所剩无几了。后来我明白了，我的薪水跟我老板的心情有关系，他心情好就给我多开点儿，他心情差我的工资就成了谜。

薪水是一个敏感的话题，有的因为工资不高怕回答了有点儿尴尬，有的人觉得是隐私不想回答。不想向对方直接透露，那就用个幽默的玩笑应付过去，你的机智和风趣可以帮你转移他们的注意力和话题。

被问女友情况：不需要一问一答

似乎有些亲戚专门对个人隐私最感兴趣，从工作一直聊到个人感情，然后顺理成章地提起你的女朋友，然后便有了一大堆问题。"她是哪里人哪？""她是做什么的？""她家里条件怎么样啊？""她怎么没和你一起回家？"等等。如果不想用一句"我没有女朋友"让大家陷入尴尬，那就快点儿想想怎么回答吧。

一般话术：

她不是本地人，现在回她父母家去了。她和她爸妈都挺好的，她的父母我还没见过，过阵子可能会去拜访吧。

幽默话术：

其实我们俩的情况都差不多，属于正儿八经的门当户对。说到她家的情况真是难倒我了，因为我也很少过问，所以只能她来的时候亲自回答你们了。对了，你们看我这身衣服怎么样，这是她亲手为我挑选的。

对待这种问题，如果不想深入回答，就不要傻傻地问一句答一句。因为，很可能被对方抓住某个好奇点继续深入，到时候很可能陷入被动。其实，结束这个话题的最好的方法就是——转移话题。

被问何时买房：把尴尬反弹回去

"你打算什么时候在那边（工作地点）买房啊？"这是个出场率很高的问题。看似简单，却十分考验人的情商，弄不好你的那点儿隐私就全都暴露无遗了。

一般话术：

我现在的经济实力还不够，还在继续拼搏。等我攒够了首付，就在那里安家。不过梦想很丰满，现实很骨感，想要实现还不知道何年何月呢。

幽默话术：

买房这么大的事，我自己可做不了主，而且也得看最终我会在哪里定居。老话说得好"先立业，再成家"，事业在哪儿，家就应该在哪里。而且，为了少一些生活压力，我打算全款买下来，今后就仰仗各位叔叔阿姨了。到时候拜托帮我凑一凑，日后再慢慢还给大家。放心，我绝对有还款能力！

其实提到买房，能牵扯出很多问题。你的资产状况、你的工作状况、你的感情状况等，如果再引起互相攀比，那就更加让人不自在。为了彻底终结话题，一个小玩笑就显得十分必要了。

面对"成绩拷问"：用幽默来化解尴尬

亲戚凑在一起，孩子难免会成为被讨论的话题。"你家孩子学习怎么样？""这次考试考得怎么样？"一连串关于孩子学习的话题总是让你应接不暇。如果孩子学习不好，面对这些话题，该如何机智应答呢？

一般话术：

别提了，说起来就心烦。孩子就是不爱学习，我也没办法。

幽默话术：

谢谢您这么关心我家孩子。我家孩子呀，学习就像坐过山车，成绩正处于低谷探索阶段，不过这也说明他（她）的上升空间巨大，说不定哪天就一飞冲天了！

被问及孩子的学习问题，不妨试着用幽默、积极、智慧的方式来回答，这样既维护了自己和孩子的尊严，又保持了良好的人际关系。

亲戚向你借钱：张口难拒绝更难

亲戚说："你手头现在宽裕吗？能不能借我点儿钱周转一下？放心，我很快就会还你的。"这类话题，恐怕每个人都不陌生。遇到这种情况，自己也囊中羞涩，十个人有八个只好直接哭穷。然而，这可能是最缺乏情商的处理方式，如果是你的话，有没有更高明的办法？

一般话术：

本来您开口求我了，我应该帮忙，但我现在真是爱莫能助哇。不瞒您说，我现在手头也不宽裕，本来我还想找您借点儿呢。

幽默话术：

您需要多少钱？既然您都开口了，那我现在就开始存。不瞒您说，您还是我认识的人里，第一个觉得我有钱的。虽然我拿不出钱借给您，但是我有一身力气。什么时候需要帮忙，喊我一声，保证冲在最前面。

张口借钱很难，拒绝借钱更难，所以何必互相为难。有时候幽默不是为了让对方难堪，而是不让双方的脸色难看。能帮还是要尽力而为，不能则要量力而为，而机智地拒绝却不是人人都会。

被拉去当"裁判"：从谈判桌到餐桌

对于晚辈而言，可能最无奈的就是被卷入两个长辈之间的矛盾。关键是，他们不仅在你面前争吵，还要拉上你当裁判。遇上这种必须得罪一方的事情，你该作何打算？

一般话术：

依我看，你们的争论完全就没有必要。而且我一个晚辈，哪有资格评论你们谁对谁错？你们不如把这件事放在一边，大家开开心心吃顿饭多好！

幽默话术：

二位长辈，难道是故意想考一考我的应变能力吗？以我的身份哪有资格给您二位评理。再说，我一个小毛孩儿哪懂那么深奥的道理？我就知道家和万事兴！要不咱们先中场休息一下，先一起好好吃个饭，等吃饱了再继续？

这个场景恐怕是逃不掉也躲不开的尴尬的经典名场面之一。为了避免得罪长辈，也避免陷入被动，一定不要真的做出评判。缓和关系才是其中的关键，保持尊敬和适当的幽默，缓解大家的激动情绪，让他们先从对立的场景中走出来，才是挽救自己的明智之举。

被介绍相亲对象：回绝不用那么生硬

有些亲戚很热心，喜欢做别人的媒人。只要是看到单身男女，就想为他们牵线搭桥。这不，又有人拉住你的手，为你推荐相亲对象了。如果你不想接受，该怎么办？

一般话术：

您的心意我领了，但我看还是算了吧，我宁愿继续当钻石王老五。相亲要是能成功，我就不用您给介绍了，我这个人太特别，不太适合相亲。

幽默话术：

什么，您要给我介绍相亲对象？那真是太好了！像我这种只会吃、睡、玩的人，不会毁了您的名声吧？对了，我没房，没车，没有存款，也没有工作。但我有一腔热情，有没有和我情况差不多的人哪？

面对热情的红娘，不要太直接地拒绝，毕竟对方也是出于好意。因此，幽默而夸张地自嘲也许是个不错的选择，大概率对方会知难而退。

善意的谎言：恩情永远不该被遗忘

"你记不记得，当年你发高烧，还是我把你送去医院的？"亲戚满怀热情地和你套近乎，而你的脑子飞快地旋转，却对这些事情完全没有印象。面对那些被忘却的旧恩，你又该如何回应？

一般话术：

哎呀，您看我这个脑子，可能是因为太小了，我竟然一点儿印象都没有了。要不您再提示提示我，没准儿我能回忆起来呢。

幽默话术：

这些事哪能忘啊！从小到大，除了我的父母，就您对我最好了。去医院那次，我都烧得跟"热得快"似的了，怎么进去的，又是怎么出来的，还真是一点儿印象都没有了。事情的来龙去脉，还都是我爸妈跟我提起的，我才知道原来是多亏了您哪！

忘记被别人铭记的事情，你一定非常尴尬。要是不想被打上"忘恩"的标签，只好说一个善意的谎言来圆场。但是，对于别人的恩情，你可以忘记一时，但不能一直遗忘。

第四章

生活篇

邻里之间那些事

邻里相遇：介绍自己的方式

俗话说"远亲不如近邻"，和邻居保持良好的关系，是一件十分重要的事情。如果你刚刚搬了家，该怎么向新邻居介绍自己，才不显得唐突？

一般话术：

您好，我是住在您家对门的邻居。今天刚刚搬过来，所以冒昧地上门打个招呼，希望以后能够多多关照。有什么需要帮助的事情也请尽管开口，不用客气。

幽默话术：

您好，我是刚搬来的新邻居，能够和您做邻居十分荣幸。我听说我的邻居是一个非常优秀且好相处的人，所以我迫不及待地来和您打招呼了。如果打扰到您，我先道个歉。虽然我不太了解您的上任邻居，但现在完全可以把他给忘了，因为您不仅换了位邻居，还多了一位朋友。我偶尔会开点儿小玩笑，但希望这次没有冒犯到您。

邻里相处，最重要的是和谐。和谐的邻里关系不仅能在生活上提供帮助，还能获得很多乐趣，这是日常社交的重要组成部分。让邻居体会到你的幽默和风趣，会给对方留下很好的印象，毕竟谁都希望能有一个好相处的邻居。

日常寒暄：如何与邻居打招呼

在中国人的社交观念中，总是把"吃"放在第一位。比如说邻居见面时的寒暄，往往第一句都是问对方"您吃了吗？"如果是你，通常都是如何跟邻居打招呼的呢？有哪些新创意？

一般话术：

好久不见哪，老邻居，最近怎么样？吃饭了吗？最近挺忙的吧？大老远就看见您了，好像最近变瘦了，差点儿没认出来。有空到我家里坐坐，喝喝茶聊聊天儿哪。

幽默话术：

您好哇，老邻居，真是好久不见。我还纳闷儿今天怎么一路上都听到喜鹊在叫，原来是要遇上您这个贵人哪。最近都在忙什么呢？感觉您瘦得都快变成另一个人了，不过越来越精神了。最近我攒了一肚子有意思的事想和您分享呢，有空去我家里坐坐，咱们边喝茶边聊哇。

对邻居的夸赞，可以增加对方对你的好感。适当地表示幽默和热情，能拉近彼此的距离。其实这些不是为了客套，要知道：好邻居能顶半个亲戚。亲戚即便能够帮上忙，毕竟离得很远，有个好邻居的话，在一些紧急情况下第一时间就能帮上忙。

邻里之间：借还话术与技巧

当你有求于邻居的时候，都是如何开口的？假如你正在粉刷墙壁，突然发现梯子坏了，该如何向邻居借一把梯子？虽然是一件很简单的小事，但处理不好也会影响邻里关系。

一般话术：

借时：您好，我能借用您家的梯子吗？我正在粉刷墙壁，但梯子突然坏掉了。如果您能帮忙，我会十分感谢的。

还时：这是您家的梯子，非常感谢您的帮助。我还带来一些家乡的特产想和您分享一下，请务必收下。

幽默话术：

借时：您好，打扰了，我能借用一下您家的梯子吗？我正在粉刷墙壁，梯子突然就罢工了。放心绝对不是我体重的问题，而是它实在是太老了。

还时：还是您家的梯子"年轻"，帮我顺利地完成了任务，实在是太感谢了！哦，对了，我还带来一些家乡的特产，它们就像我的心意一样真诚，希望您能笑纳。

麻烦邻居帮忙，不要让对方感觉到压力，用一点儿小幽默可能会让对方更容易接受。别忘了归还时回赠对方一些小礼物，这会加深对方对你的好感。

和邻居道谢：情谊相连的纽带

当你的邻居向你请求援助时，理应尽量给予力所能及的帮助。如果你的邻居是个懂得感恩的人，他一定会向你表示感谢，这时你该怎么回应才更好？

一般话术：

小事一桩，不必这么客气。毕竟大家都是邻居，我有需要时，你们不是也会伸出援手吗？以后有什么事尽管开口就是了。

幽默话术：

跟我就不必客气了，毕竟我是做好事不留名的"活雷锋"。与其给我发"好人卡"，不如现在给我来一杯冰镇饮料，可能我会觉得更舒服一点儿，因为忙了半天真的有点儿渴了。哈哈，开个玩笑。既然大家都是邻居，就应该互相帮助，说不定什么时候我也会求您呢。下次我有求于您的时候，可不要拒绝我哟！

助人为乐而不图回报，往往更能换来别人的真心。当邻里之间发展成不是亲人而胜似亲人时，人间便有了更多温暖。

邻里之殇：乱堆杂物几时休

你是不是也有过这样的邻居，明明是公共走廊，却到处堆满了他家的私人物品，不仅存在严重的安全隐患，还给别人的生活造成了不便。如果面对这种局面，你打算如何向他发出友善的提醒？

一般话术：

您好，有件事我想和您商量一下。您堆放在走廊里的私人物品能否清理一下呢？一方面那里是公共空间，这样会对大家的通行造成不便。另一方面，堆放过多的杂物还有发生火灾的隐患，请您理解一下。

幽默话术：

亲爱的邻居，很冒昧地打扰您一下。我这次来是有一个小小的请求，是关于您家堆放在走廊里的物品。我每次经过那里的时候都恨自己不能飞行，如果是腿脚不便的老人又该怎么办呢？如果他们摔倒，我真不敢想象会追究你什么责任。还有就是最好在那里贴上"禁止烟火"的标识，毕竟扔烟头的人不会知道哪个是易燃易爆物品。您觉得呢？

邻里关系的特殊，就在于朝夕相处的居住空间。对于侵占公共空间的行为，也没必要恶言相对，用善意的玩笑寻求理解才是正确的方式。留给大家一些方便，才能守住各自的底线。

面对扰民：最文艺的提醒

深更半夜，隔壁又传来恼人的噪声。这样的扰民行为如何能够容忍？如果觉得因此而破坏了邻里关系则得不偿失，可以先尝试与你的邻居好好沟通。遇到这种情况，你知道幽默高手会怎么说吗？

一般话术：

对不起，这么晚还打扰您，我是您的邻居。我在隔壁听到了声音，您家里是不是发生了什么事情？如果没有特别的必要，能不能请你们注意一下音量？这样的话我完全没法儿休息，请您体谅一下，谢谢！

幽默话术：

您好，亲爱的邻居。之所以这么晚了打扰您，是因为您打扰到了我。别误会，我不是来吵架的，只是想送您一副对联。上联是：打闹声吵架声声声入耳，下联是：公德心理解心将心比心，横批是：拒绝扰民。希望您能接受我的这种方式，毕竟这么晚了打扰到大家休息也不太合适，您说呢？

噪声扰民，可能是日常邻里间比较常见的纠纷，也是众多缺乏公德心的现象中最让人抓狂的一种。如果你是初次提醒邻居，还是要保持一点儿耐心，保留一点儿风趣，以免大动干戈。如果他能就此改正，还能继续开心地做邻居，何乐而不为？

孩子你真棒：来自邻居的夸奖

通常情况下，孩子的社交能力远胜于父母，邻居的孩子可能就是他的好朋友。于是，父母间的交流也往往会以孩子作为话题，互相夸赞也是其中常用的方式。如果你的邻居当面夸奖了你的孩子，你会作何回应？

一般话术：

您过奖了，他哪有那么优秀，反而是您的孩子比我家的强多了。我还总说让他向您家孩子学习呢，您这么一夸，我都觉得不好意思了。

幽默话术：

要不说还是您会说话呢！我觉得，以现在的条件，咱们把最好的都给了他们，能不优秀吗？您家孩子也很好哇，他们跟咱们一样，也是好朋友呢。我经常嘱咐孩子，要互相学习、互相帮助，一起努力、一同进步，要做就做最优秀的好朋友，让别人尽情羡慕！

当别人夸奖孩子时，千万别为了谦虚而谦虚。因为这会让孩子失去自信，永远别拿别人的孩子作比较，要多给孩子鼓励。就算想拉近邻里关系，也不要伤害孩子的自尊心。

八卦隐私：还以"魔法"攻击

如果你有个"八卦王"邻居，特别喜欢打听和传播别人的隐私。虽然你很反感这种行为，但毕竟抬头不见低头见，又不能因为这些事情闹翻脸。该如何礼貌地提醒一下呢？

一般话术：

您以后最好别再到处打听和散播别人的隐私了，这样很不好！如果以后您再这样，我只能远离您了，因为您能八卦别人，肯定也会八卦我的隐私。

幽默话术：

其实，我觉得您可以考虑换个职业。当个娱乐报刊的记者兴许能干出点儿大名堂来，至于朋友的这点儿"料"，爆出来也不赚钱。还是算了吧，别白费劲了。

用轻松诙谐的语气破解对方的八卦，是很有效的"魔法攻击"。对待这类邻居，如果一味地责备恐怕会适得其反，没准儿你很快就会成为他口中的"头版头条"。如果你表现出对此完全不感兴趣，八卦者自然也就会感觉到无聊了。

善意的规劝：别让垃圾"流浪"

我们知道邻里和谐很重要，但如果真的遇到缺乏公德心的邻居，到底应该怎么办？如果你的邻居喜欢乱丢垃圾，搞得公共区域乌烟瘴气，即使多次委婉提醒，依然我行我素。此时，你又该采取怎样的行动？

一般话术：

我觉得您有点儿太过分了，我几次三番地提醒您不要乱丢垃圾，可真是太没公德心了。难道您不知道公共区域都是大家的空间吗？小区也是您的家，维护良好的生活环境是对自己和别人起码的尊重！

幽默话术：

不好意思，又是我这个唠唠叨叨的邻居。我也没有别的要求，只希望您能给所有邻居都配一个防毒面具。还有，我想问一下这个月的保洁费您什么时候给我，毕竟每天我不能白白替您收拾垃圾。如果您不接受也行，我就只好跟物业和社区商量一下，单独为您家安排一个保洁阿姨了。至于费用嘛，那就只能您自己去商量了。

与人方便，与己方便，良好的邻里关系，从遵守公共道德开始。乱丢垃圾、随地吐痰、不爱护公共环境卫生，这些不文明行为需要大家共同去监督和抵制。面对屡教不改、缺乏公德心的邻居，就不应该再继续客气，有理有据地讽刺就是最有力的回击！

对邻邀说不：婉拒有道情依旧

如果某天，你的邻居突然登门拜访，想邀请你参加他组织的聚会。虽然你很想借此机会拉近关系，但却因为其他事情无法参加。委婉地拒绝固然好，但你又不想让对方失望，这时究竟应该如何回应？

一般话术：

首先要感谢您的邀请，我真的感觉非常荣幸！虽然我很想参加这次聚会，但实在是抱歉，刚好有点儿重要的事情要去处理。下次我一定参加，希望你们玩得开心！

幽默话术：

能收到您的邀请真的是太惊喜了！但我还是不得不无奈地跟您说声"抱歉"。有些事情我不得不去处理，恐怕这次就要当个"逃兵"了。等我腾出时间，我会请大家一起开心，只希望大家到时不要拒绝我才是！

虽然是拒绝邀请，小幽默也是不能缺少的元素。开玩笑可能不止是掩饰尴尬，而是为了让自己显得更加真诚。当然，拒绝之后还要主动地邀约下次，这样才能让对方感受到你的诚意，而不是故意找借口敷衍。

与陌生人的社交秘诀

被认作孕妇：尴尬的公交车插曲

在生活中，你有没有遇到过让你无比尴尬的乌龙事件？比如，在公交车上，你被别人误认为是孕妇，对方还礼貌地起身为你让座。这时候，如果开口解释会无比尴尬，如果默默坐上去，心里又饱受煎熬。到底该怎么办？说点儿什么才能完美解决这场乌龙事件呢？

一般话术：

首先我十分感谢您的好意！但我只是有一点儿胖，并不是孕妇。所以我不太需要座位，还是您坐吧。

幽默话术：

看来，我今天穿得太有"孕"味了，所以才让您误会了。但是我还是要感谢您的关心，我并不是孕妇，只是今天吃得稍微有点儿多，我想站着可能更有助于消化。所以，再次感谢您的好意，我想还是把座位留给更需要的人吧！

当今的社会，需要一点儿爱心，更需要一点儿诚实。遇到这种情况，自然可以心安理得地接受帮助，但对于让座的人，这并不公平，因为真心并没有换来诚意。与座位相比，做人坦荡才更实际！

向陌生人道歉：认错也是门艺术

　　"对不起"和"没关系"是我们从小就学习的礼貌用语。如果你在公共场合不小心冒犯了别人，哪怕只是无心地撞了对方一下，及时道歉是理所当然的事情。但是，面对周围异样的眼光，该怎样既优雅又不尴尬地向对方道歉呢？

一般话术：

　　真是对不起，我不是故意的。您没事吧？您看我这冒失劲儿，实在是太抱歉了，我会多加注意的！

幽默话术：

　　实在抱歉！可能今天出门我忘记带脑子了，不然怎么会如此冒失？真的对不起，希望您不要介意。我是真心实意地向您道歉，这么多人都可以为我作证呢。不信的话，您问问他们？

　　道歉是生活中常见的场景。幽默的道歉可以缓和对方的情绪，更有利于缓解尴尬。当然，真诚的态度也是不能被忽略的，否则，一副嬉皮笑脸的样子真的会让对方更加愤怒，或许到时候会变得更加尴尬。

被陌生人推销：优雅地说不

当你在街上行走，有没有遇到过主动上前推销的推销员？当你在地铁里穿梭，有没有被业务员纠缠不放？最尴尬的是去理发店理发，刚坐下就被推销储值办卡。你有什么办法，既能拒绝推销，又能不让彼此尴尬？

一般话术：

不好意思，我真的不需要！我对您说的优惠政策实在是不感兴趣。况且我也不想办什么会员卡，因为我的卡已经够多了。

幽默话术：

虽然你说的优惠活动很让我心动，但是我真的不知道我的头发居然这么值钱！不过话说回来，我的钱包里的卡变得越来越多了，而里面的钱却越来越少了，所以我不能再放任下去了。如果我能只享受 VIP 服务，而不用储值的话，我倒是乐意考虑一下。你觉得怎么样？

面对恼人的推销，首先应该适当地表示谅解，或许你也有过这样的推销经历，毕竟打工人何必为难打工人。在玩笑中寻求对方的理解并给对方开出一个无法接受的条件，恐怕是解决这个麻烦最好的手段了。

被陌生人搭讪：风趣就是敲门砖

有时候太有魅力，也是一种负担。比如，在街上屡屡被人搭讪可不一定是一件值得高兴的事情，毕竟你不能确定对方的真实目的。如果对方的搭讪让你感觉不舒服，该如何礼貌地拒绝呢？

一般话术：

对不起，我的男（女）朋友就在附近，我不能给你我的手机号码，我怕他（她）误会。所以请你谅解，谢谢！

幽默话术：

实在是抱歉，我的男朋友（女朋友）是个"醋精"，他（她）可能就在附近看着，我怕他（她）突然冲出来拼命。所以，为了你和我的人身安全，也为了少给警察叔叔添麻烦，我想还是算了吧。

对于搭讪者，多数情况下还是可以礼貌地拒绝的。为了防止对方继续纠缠，把"警察叔叔"搬出来，也是一种善意的提醒。毕竟出门在外，保护好自己永远都是最重要的事，别轻易被迷惑，保持距离才是相互尊重。

认错别人：突如其来的尴尬

如果在公共场所碰到老熟人，可能是一件令人开心的事情，但要是认错人了呢？兴许你还和对方开了个小玩笑，比如故意重重地拍了人家的肩膀，或是做出了更加过分的举动。在对方转身的一刻，有没有想找个地缝钻进去的冲动？

一般话术：

啊，实在是对不起，请原谅我的唐突，我居然认错人了！从后面看上去，您太像我的老朋友了，我太过开心没注意分辨，所以才冒犯了您，实在是太抱歉了！

幽默话术：

糟糕！看来我的人脸识别今天出了问题。您确定跟我的那位老朋友不是一对双胞胎吗？那我就只能感叹，天下之大无奇不有了。我甚至觉得咱们也应该成为朋友，那样我就能够随时把他也介绍给您，您就知道我说的全是真的了！

认错人其实也是正常现象，多数人也能理解。但是如果你的玩笑有点儿过火，那最好还是诚恳地去道歉。虽然幽默能够化解90%的尴尬，但过于不严肃会让对方觉得你是在故意挑衅。所以，要想从根本上解决问题，还是要在打招呼之前擦亮眼睛。

面对不讲理：保持微笑和克制

如果你遇到了一个不讲理的人，请保持最后的冷静。冲动是魔鬼，还是需要练就宽广的心胸。但是如果对方仍旧不依不饶，拒绝良好的沟通，这时幽默就变成了你的武器，那就让对方体验一下什么叫无地自容。

一般话术：

我觉得，如果你要是这么说话，那就太不讲理了！如果你再这样胡搅蛮缠，我就要报警了。我想你也不想闹到这种地步吧？所以我劝你适可而止！

幽默话术：

首先，请你保持冷静。如果有冒犯的地方，我已经道过歉了。但是，希望你不要得理不饶人，胡搅蛮缠并不能显得你更有道理！因为我受过良好的教育，所以一直保持耐心和你沟通。不过这并不代表我心虚，如果你乐意换个地方聊，110 可以随时免费接送。

与不讲理的人理论往往会陷入争吵，最终导致情绪失控做出冲动的事情。采取幽默的话术回应对方，含蓄机智地表明立场，缓解紧张的气氛，其实是一个不错的选择。

>> 祝贺不是光说吉祥话

婚礼祝贺：让幽默发挥想象

　　婚礼是生活中最常见的喜庆场合，也是亲朋好友相聚的重要时刻。如果你作为特邀嘉宾，参加一场隆重的婚礼，主持人突然向你递来话筒，邀请你现场讲两句。此时，你准备如何展示你的口才？

一般话术：

　　作为新郎和新娘的特邀嘉宾，我代表他们欢迎各位的光临！他们的爱情终于在今天得以圆满，我很荣幸能和在座的各位一同见证。让我们举起酒杯，共同祝愿他们白头偕老、永结同心！

幽默话术：

　　我是新郎和新娘的朋友，很荣幸被邀请参加他们的婚礼，看到他们终成眷属我感到十分开心。作为过来人，我在这里也要嘱咐新郎几句：婚姻的路上还需要再接再厉，做错了事要勇敢地认错；就算没错，也要把嘴巴闭紧。因为，丈夫嘴抹蜜，生活才更甜蜜！

　　喜悦、轻松才是婚礼应有的氛围，太过严肃和正式的发言反而会破坏现场的气氛。尽可能地发挥你的想象和幽默，人们笑得越开心，你的演讲就越成功。

长辈过寿：特别的祝寿词

中国人都很重视孝道，老话说"家有一老，如有一宝"，老人就是家里的宝藏，是后辈们的精神寄托。老人的寿辰也就成为最隆重的活动之一，这也是中华传统孝文化的重要组成部分。如果你受邀参加老寿星的寿诞，你准备好特别的祝寿词了吗？

祝寿词中饱含晚辈对长辈的祝福和期望。如果每次都是"老一套"，真的缺乏新意，这次就来点儿不一样的吧。

一般话术：

看到您还是那么有精气神，我真是太高兴了。今天是您的大寿，我祝您：福如东海长流水，寿比南山不老松，万事如意，健康顺意，如鹤如松！愿您永远笑口常开，天天快乐幸福！

幽默话术：

今天来参加您的寿宴，我的心情无比激动。我想送您东海玉如意，一生一世都顺利；还想送您南山不老松，青春不逝如少童；再送您北国夜明珠，点亮人生如坦途；最后，送上晚辈的祝贺，天天年年都快乐！

乔迁之喜：幽默与文采并举

乔迁新居，从古至今都是值得庆贺的喜庆日子，它代表着生活幸福美满，寓意着人生积极向上。古人称之为"乔迁之喜"，并赋予它各种各样美满的寓意。乔迁之日，也是亲友相聚的高兴时刻，你准备送给对方什么祝福，才能表达自己特别的诚意？

一般话术：

恭喜你们乔迁新居！我真心祝你们生活美满，天天有奇迹；日子越过越幸福，感情越来越甜蜜；身体越来越健康，工作越来越顺利！

幽默话术：

喜迁新居喜洋洋，吉星高照福满堂。客厅装满平安，卧室塞满健康，厨房盛满幸福，阳台洒满好运，随时迎接万象更新：新房子，新环境；新向往，新感情；新生活，新旅程；新祝福，新运气！

乔迁新居，买了新房子搬家图的就是个喜庆，来一段幽默的顺口溜，真的超级应景。这样别致的祝福绝对不会烂大街，既显得风趣有才，又能表达心意，绝对能让气氛瞬间被引爆。

恭贺升职：最具诚意的祝福

升职加薪，是一个人生活中值得高兴的事情之一，它代表着你辛苦的付出得到了肯定，也象征着生活随之进入新的起点。此时，身为亲友的你，自然要送上独特的祝福，表达诚挚的祝愿和对他未来的期许。

一般话术：

我衷心祝贺你升迁！这是你这些年努力拼搏的收获，也是你人生中的又一个新起点。祝你在新的岗位上继续展现个人能力，步步高升，继续获得更大的成绩！希望你不要畏惧挑战，抓住机遇，成就非凡人生！

幽默话术：

恭喜你升职！愿你的未来会像火箭一样直冲天际！即使你已经获得了高高在上的成绩，但是别忘了，还有我们在地面上看着你，哈哈，虽然开了个善意的小玩笑，但也算是对你的小鞭策，千万不要骄傲。由衷地祝愿你继续步步高升，前程似锦！

对于升迁者，最具诚意的祝福不止是满满的祝福，更重要的是鞭策和激励。用不满足代替骄傲不前，用更加勤奋去应对新的挑战，用谦卑谨慎来回报认可与信任。虽然道理说起来云淡风轻，但做起来却困难重重，总之要戒骄戒躁，继续努力。

喜得贵子：新生命，新创意

　　朋友或家人的孩子顺利出生，怎么能不送上自己的祝福？虽然庆贺的场面不会像婚礼和祝寿那么正式和隆重，但无论是喜得贵子，还是喜得千金，人们高兴的心情都是一样的。不管你能否到场，祝福的话必须送到。

一般话术：

　　有一种欢喜叫喜出望外，有一种气氛叫喜气洋洋，有一种运气叫双喜临门，有一种福气叫喜得贵子，恭喜你们家中又多了一位可爱的新成员。真心祝福你的宝贝健康成长。我祝你们生活美满幸福，祝愿宝宝健康成长！

幽默话术：

　　恭喜你们，小宝宝终于出生了！他是如此可爱，长得精神有派；小手胖胖抓住好运，小脚肉肉能踏祥云，眼睛明亮八方来财，天庭饱满定有好前程。虽然说了这么多祝福的话，但最后还是要提醒一句：你们有没有掌握换尿布和冲奶粉的技能？如果没有，恭喜你们，新的挑战来了！

　　伴随新生命的降生，宝宝给一个家庭带来无尽的惊喜和幸福。一句温暖的祝福，也会给这份温馨增加更多的快乐和笑声。

祝福领导：幽默和尺度一样重要

给领导发节日祝福，也可能是很多人不堪回首的经历。它到底有多重要？这不仅是关键的社交情景之一，也是体现自身良好素养、向领导表达关心和尊敬的机会，而且有助于维护和上级的良好关系。

在送给领导的祝福中，幽默也是一种选择。它能传递你的积极情绪和正能量，能更好地让领导感受到你的热情和真诚。但一定要把握住幽默的尺度，千万不要画蛇添足，而且也不要过于谄媚，简单明了才能更加赏心悦目。

一般话术：

在此重要的时刻，我向您送出我最真挚的祝福，并感谢您一直以来对我的栽培和信任，您的智慧和勇气就是我们前进的动力。愿您在今后的日子里，事业顺利，身体健康，家庭幸福，万事如意！在新的一年里，希望您能够继续带领我们取得更好的成绩，共同开创美好的天地！

幽默话术：

致我敬爱的领导，希望您在今后的工作中能高抬贵手——为我们指点江山；放我们一马——鞭策我们继续向前。最后，所有的祝福都浓缩成一句话——愿您四时如意，万事皆好！

开业大吉：能顶千金的祝福

新店开业是一件大喜事，做生意的人都希望未来生意兴隆，财源广进。在这一天送上祝福，自然离不开对对方的祝愿、鼓励和希望。一份特别的祝愿也能增添更多的喜气，做生意嘛，就图个大吉大利。

一般话术：

恭喜新店开业！愿你生意兴隆，财源广进，客似云来，日进斗金。祝你不断有新的机遇，在新起点上开启新篇章，事业更加辉煌！

幽默话术：

新店开业，财富马上到，朋友的祝福抢先来到，祝你的生意如雨后春笋，一节更比一节高；祝你的财富似巨浪波涛，后浪追着前浪跑；祝你的人脉像宇宙浩瀚，全都乐意围着你转！所以，恭喜发财！从此以后，你一定忙不过来！

开业要的就是一个喜庆，祝福要充满真诚与热情。祝贺时表达吉祥和美好的寓意也很重要，最好简单又明了。再来点机智的小幽默，好笑又吉祥，一看就让人心情大好。

第
五
章

职 场 篇

>>> **其实面试也没那么难**

开场自我介绍：第一印象很重要

自我介绍是面试过程的开始，也是最容易出现问题的地方。自我介绍的好与坏，直接体现面试者的准备是否充分、逻辑是否清晰。一段独具特色的自我介绍，可以将面试者的自我魅力充分展现，也是决定第一印象的关键。

一般话术：

面试官您好，我是 XXX。我面试的是 XXX 岗位，本人从事这个岗位已经 XX 年了，在这个领域有丰富的经验。能获得贵公司的面试机会，我感到十分荣幸，也希望通过面试能够加深相互的了解，十分期待能够加入贵公司这个大家庭。

幽默话术：

面试官您好，我是 XXX。自从进入 XXX 行业 XX 年以来，就一直渴望加入贵公司，所以能收到面试通知我感到十分幸运。我觉得我的个人情况和理念与贵公司十分契合，假如能通过面试，那将会是我人生的高光时刻。希望您也能通过面试更全面地了解我，我相信我们的合作将是非常愉快的人生经历。

一段吸引人的自我介绍，可以很好地缓解紧张气氛，并引起面试官的兴趣。但是面试毕竟是严肃的场合，所以要格外注意幽默的尺度把握。另外，加入自己的成就和兴趣、爱好会让面试官从各方面充分了解你，有时候客观的自我评判也是加分项。

介绍特长爱好：暗藏玄机的问题

在面试过程中，面试官最关心的，肯定是面试者的特长及能力，这往往也是面试过程中，最考验面试者的问题之一。通过这类问题，面试官可以考查你的专业能力，并从侧面观察你是否积极努力。

一般话术：

虽然我刚刚毕业，工作经验尚浅，但我的兴趣、爱好十分广泛。我在学习之余经常参加社团活动，对艺术和音乐十分感兴趣。我尤其喜欢绘画，还获得过 XXX 奖项。另外，我还比较擅长写作，在 XXX 上还发表过文章。

幽默话术：

我觉得我的胆子特别小，因为我做事追求严谨；我特别爱管闲事，因为我乐于助人；我还特别没有主见，因为要全面思考问题，多方寻求意见和资源；我也特别任性，做事就讲究信念，不达目标绝不放弃。您觉得我这些算不算特长呢？

关于特长、爱好及能力，这是面试时的高频问题，千万别只说"我喜欢听音乐"。你以为这个问题真的就是在问你的爱好？实际它是在问你的价值！

被问离职原因：抱怨是面试大忌

相信绝大多数面试者，都遇到过类似的问题——你为什么从上家单位离职？很多面试者就败给了这个看似简单，却"机关"重重的问题。假如你是面试者，你会如何回答这个问题？

一般话术：

我从上家单位离职的原因其实比较复杂。一个原因是经常加班，我想找一份能够让我自由规划时间的工作。另外，我觉得和单位同事相处比较不自然，所以想换个环境。

幽默话术：

我觉得我就像一个探险家，喜欢走出舒适圈去看不同的风景。就像小鸟总有一天会告别巢穴和妈妈一样，我希望能展翅高飞。其实，这不是不忠诚的表现，恰恰是双赢的好事情。一方面，新鲜的血液输入能保持公司旺盛的生命力；另一方面，也能给后面的人一个提升成长的机会。所以，何乐而不为呢？

面试最大的忌讳就是当着面试官的面抱怨上一家公司的"罪过"。毕竟没有一家公司不在乎自己的声誉和员工的人品。你只需要记住：面试的原则是只需要证明你行，而不是证明上一家公司不行。

如何回答缺点：一个另类的答案

"你能不能说一说你的缺点？"初入职场的人，听到这类问题就会紧张。问自己这种问题到底是什么目的？要不要把自己的缺点说出来？

一般话术：

我的缺点有很多，我觉得我不善言辞，平时不爱说话；我不是很幽默，说话也比较直接；我也比较容易情绪化，经常感觉很失落；还有我比较懒惰，有时候喜欢偷懒。

幽默话术：

我觉得我的"缺点"还是蛮多的。比如，我不擅长言辞，因为我只爱做事，不爱说话；我也缺少幽默感，因为我对待工作绝不开玩笑，总是认真面对；我的情绪也经常失落，因为内心太细腻，很容易和别人共情；我还极爱偷懒，因为思考问题时喜欢直接抓要点，凡事都要举一反三。

其实，面试官问你的缺点与优点是同一道题。对方要听的是你的自我认知，而不是真的要你细数自己的缺点。记得，有时候缺点就是优点，而优点永远都是优点。

被质疑学历：请保持优雅和自信

学历是工作单位考查个人能力的一项重要指标。虽然学历的高低并不能代表一切，但从学历中，确实可以帮助面试官大概地分析应聘者的个人能力和素质。如果面试官突然发难，质疑你的学历，你该如何回应对方呢？

一般话术：

我觉得学历不能说明一切。虽然我的学历不如其他应聘者高，读的不是重点名校，但我也一样努力，在经验和态度上一点儿也不比高学历的竞争者差。

幽默话术：

嗯，您质疑的问题，确实客观存在。但我的看法是这样的：首先，贵公司能给我面试的机会，说明我还是有闪光点的；其次，我的丰富经验能弥补学历上的缺憾，"性价比"才是我的优势；最后一点，所谓"笨鸟先飞"，这恰恰是我更努力的动力。所以，您不觉得聘请我更合适吗？

对方提出学历的问题，无非想考查你的自信程度和应对能力，否则为什么还多此一举地打电话邀请你面试呢？所以，控制好情绪，展示出自己的特长，才是正确的应对方式。

被怀疑能力：玩转幽默"激将法"

"你在这个领域的经验好像不足哇。""我觉得以你的资历，貌似不太适合我们公司。"是不是曾经遇到过类似的问题，面试官当面质疑你的能力。但千万别被吓到，这其实是面试官摆的"迷魂阵"。

一般话术：

虽然我对这个岗位并不是最熟悉的，但我可以学习，相信很快就能够适应工作节奏。另外，我可以适当降低薪水，公司可以慢慢观察我，如果我能够胜任，再提高我的薪水。

幽默话术：

我的看法跟您可能不太一样。我觉得，您的时间那么宝贵，如果觉得我无法胜任，怎么会浪费时间在我身上呢？而且，我并不认为我没有能力胜任这个岗位，不如您先试用我一阶段，给我一个证明自己的机会？

在面试中"不会可以学"这样的表达会显得苍白无力，可以选择风趣的回答来化解危机。幽默不一定就是开玩笑，通过对方的质疑来反向索取面试机会，不乏一种幽默的"激将法"，你的机智可能会为你加分。

如何看待加班：可以说一套做一套

现如今，"内卷"已经成为一种普遍现象，加班也成为打工人的一种常态。很多面试官喜欢用加班相关的话题来观察应聘者，这也成为面试经常遇到的难题。你通常是怎么回答的呢？

一般话术：

对于加班我是这样看的：如果进度没有完成，我会自觉加班。但我不喜欢强制加班，因为 8 小时工作制是受到法律保护的。如果公司能够支付加班费，我可以加班。

幽默话术：

虽然您问了我这个问题，但从情感上讲，我感觉我们对待加班的态度是一致的。如果我回答喜欢加班，那一定会显得我很不实在。我是个有工作洁癖的人，如果没完成工作，我一定会加班到天明。但是，我又有生活洁癖，如果我正常完成工作，要我加班可是要付出真金白银的，毕竟公司每天只付给我 8 个小时的报酬。

对于加班问题，也不能一味地拒绝。工作中的确需要轻松和愉悦，因为工作的本质就是为了更好地生活。然而，我们应该抵制的是为了加班而加班，而不是对工作视而不见。毕竟拿人工资替人做事，完成任务也同等重要。

你的职业规划：只谈规划别谈计划

面试中另一个经常被提及的问题就是"你对未来的发展规划是什么？"看似简单的问题，却难倒了无数应聘者。该如何避免索然无味的"标准答案"呢？

一般话术：

我对这个问题还没有特别详细地思考过，因此也没有详尽的职业规划。但我的终极目标是做到精通，成为这一领域的专家。目前我想专心工作，积累这方面的经验。

幽默话术：

有句老话说得好"磨刀不误砍柴工"，前期的规划当然是尽快通过试用期，让大家知道我"能行"；一年内我要在岗位上做出成绩，让大家知道我"很行"；三年内，我会深入研究行业数据，让所有人知道我"超行"；五年之后，我想我应该有很多经验可以与大家分享，为这一岗位培养更多的"接班人"，让更多人知道我"最行"。

规划不是计划，不用面面俱到；规划也不是空话，所以也没必要吹牛。首先要了解这个问题的底层逻辑，面试官无非想要你证明你有无上进心，而不是要问你有无野心。所以，千万别直截了当地说你要当经理，因为面试你的人很可能就是你想要成为的那个人。

如何回绝录用通知：买卖不成仁义在

所谓面试，就是一次互相选择的过程。如果你顺利通过了面试，那么恭喜你拥有了梦寐以求的工作。但如果你遇到了更好的选择，拒绝时也不必那么冰冷和僵硬，毕竟那也是你曾经认真对待过的事情。用点儿小幽默，可能大家都会少一点儿尴尬。

一般话术：

对不起，我找到了另一个更适合我的工作机会，所以我不能去您那里上班了。如果我下次找工作，可能会优先考虑您的公司，谢谢。

幽默话术：

我十分感谢贵公司对我的信任，这让我受宠若惊，但遗憾的是我不能接受这份工作了。其实做这个决定让我无比心痛，但最终还是被距离打败了，另一家公司离我住的地方更近，我承认在这一点上我确实懒惰了。希望您能够理解我，毕竟我想多一点儿个人时间去学习，而不是把时间花费在路上。

如果说面试中体现的是个人能力，而拒绝反映的就是个人素养。俗话说"买卖不成仁义在"，虽然拒绝并不可耻，但也不要轻易伤害每一个给你机会的人。

办公室就是交际场

"辛苦了"：面对领导的慰问怎么回

一场汇报会议刚刚结束，你陪同领导一起乘坐电梯。当电梯门缓缓地闭合，领导转过身郑重地和你说了一声"辛苦了。"看似随口的一句慰问，可千万不要"随口一答"，否则你真的浪费了展现自己的一个大好机会。

一般话术：

不辛苦，不辛苦，我都习惯了，领导比我辛苦多了。这些工作都是我应该做的，感谢领导的挂念。

幽默话术：

领导，听了您这句话，我立马就神清气爽了，比喝一百杯咖啡还要提神，比十个太阳都要温暖。其实，我是托领导的福，您付出的是智慧，我也只是出点儿力罢了。为了感谢领导的关心，我这就去"加班"报答您。

"辛苦了"是领导们最常用的慰问语。看似简单的问候，实际上包含了很多信息，比如对你工作成果的认可，对你付出努力的肯定，对你的期待，等等。你的回答里一定要有：对领导的尊重、感激，提及领导的帮助，自己努力的决心，以及适当的幽默。

被打探薪资：不能说的秘密

很多企业为了避免各种麻烦，会要求员工对自己的薪资保密。但有些人天生就有强烈的好奇心理，喜欢到处打探别人的薪水。遇到这样的事情，如果处理不好，不是被嫉妒，就是被猜疑，甚至还可能被炒鱿鱼。换作是你，你会怎么回答？

一般话术：

抱歉，咱们公司有规章制度，薪资是保密事项，不能互相透露。所以，为了避免麻烦，我不能告诉你。

幽默话术：

不瞒你说，你问这个问题的时候，就好像是在问："你的银行存款是多少？"我真的不知道该如何回答你。其实我的薪水浮动性很高，绩效好的时候还过得去，绩效不好的时候连双像样的鞋都买不起。

其实，即便企业没有限制薪资保密的制度，也不应该随意向别人透露。毕竟，收入是个人隐私，没必要招惹不必要的麻烦。但拒绝是一门艺术，不一定要合理，但一定要管用。

同事的八卦：耳不听为静

办公室之中，最不缺少的就是爱八卦的群体。他们上打听领导，下议论保安，一不小心，你也很可能会沦为他们的"头版头条"。如果你碰巧被爱八卦的同事分享消息，有什么高招儿，能既不得罪他又能很好地转移话题？

一般话术：

抱歉，你说的这些，和我们的工作没有任何关系。我想我们来是工作赚钱的，不是来打探和传播别人隐私的，还是自重点比较好！

幽默话术：

你可千万不要和我说那些八卦消息呀！我这个人好奇心太重，而且嘴又不严，万一别人问我是谁说的，分分钟就把你给出卖了。别人都说，我的嘴就是个大漏勺，如果让我做情报工作，肯定闹得满城风雨，我可是为了你好。

对待八卦新闻，最好是采取委婉的回避态度，千万别表现得很不识趣。如果别人主动与你分享，幽默地自嘲可能会很有效果，毕竟爱八卦的人最不想成为被八卦的人。

被同事套话：牢记人心隔肚皮

与那些喜欢八卦的同事不同，有些情况相比之下就是暗流涌动。有些别有用心的人喜欢用各种方式来套你话，专门打听你对某些人或事的看法。如果你一不小心回答错了，后果可能就是鸡飞蛋打。

一般话术：

随意评价别人可不是一个好习惯。对不起，你的这个问题我不太感兴趣。不如我们讨论一下该怎么完成这个方案，我想这才是正经事吧？

幽默话术：

唉！现在的工作已经很累了，所以我都没有精力去关注别人的事情。如果你现在不忙的话，能不能帮我看看这个方案？发挥一下你的特长，看看这个地方怎样描述才能既直观又能引起别人的兴趣？改好了，我请你吃大餐，怎么样？

碰到这种情形，转移话题无疑是最好的选择。要时刻保持警惕心，别因为一时痛快就口无遮拦。毕竟人心隔肚皮，你的无心之言，很可能让自己多了一个敌人。

对领导的非议：远离那些"小团体"

办公室中经常被议论的话题之一，无疑是关于领导的坏话。你的周围肯定有那么一群人，当着领导的面就像小绵羊，背后却最喜欢拿领导的事情品头论足，简直就是办公室里的负能量制造机。如果他们试图把你拉进圈子，你该如何回应？

一般话术：

领导的事，我可不敢随便评价。这要是被领导知道，骂我还是小事，还不得分分钟叫我收拾东西走人？你们聊吧，我还有点儿事情需要处理呢！

幽默话术：

你们说的这些事情我还真是头一次听说，果然是眼界大开呀。也跟你们分享一个我的秘密：其实我是领导派来你们身边的卧底！哈哈，别害怕，我开个玩笑而已。其实，我是个没心没肺的人，除了工资我什么事都不太关心。

私下议论领导，绝对是职场大忌。与那些议论领导的"小团体"保持距离，才是远离是非、保护自己的明智之举。体谅和理解领导才是员工该有的心态，哪怕心有怨言，也要把它烂在肚子里。

被拉拢站队：化诱惑为定力

你有没有遇到过这种情况？默默无闻的自己，突然间变成了香饽饽。这时候你就要格外小心，这可能不是他们发现了你的能力，而很有可能是在扩大自己的势力。别傻傻地接受这突如其来的热情，聪明的人都懂得如何回避。

一般话术：

没想到我也能受到您的重视，真的是受宠若惊。不过我还是更喜欢本职工作，对其他的事情没有兴趣。如果您真的欣赏我，那就请您让我安心地工作，创造更多的业绩吧。

幽默话术：

感谢您对我的信任。我一直想做一个"安静的美男子（美少女）"，突然被这么重视，都有点儿不知所措了。我这个人是个死脑筋，出门经常分不清东南西北，只对本职工作很清醒。工作上您有什么安排请尽管吩咐。

办公室里的权力斗争一直是无法回避的话题。虽然"人在江湖，身不由己"，但如果随随便便站队，到最后受伤的很可能是你自己。只有做一个内心强大而坚定的人，才能做到清心寡欲，抵制拉拢和诱惑。

同事鼓动跳槽：这不一定是捷径

如果你的同事偷偷问你想不想跳槽，你会如何回应？难道他真的如此好心，有好事心里还想着你？不要过于天真，除非你真的在现公司干不下去了，不然稍有不慎，你可能真的就要干不下去了。

一般话术：

如果你有更好的去处，我真心替你高兴。但我现在干得还挺愉快，还没有跳槽的想法。

幽默话术：

有你这个兄弟，真是我的幸运，有好事永远第一时间想着我。我这个人比较喜欢熟悉的环境，比较社恐，怕生，还有点儿小自卑，如果去了我怕无法适应。而且，领导刚给我派了一个艰巨的任务，现在离开会让他难过的。不如你先去探探底，等到我想换工作的时候，第一时间联系你。

跳槽本来无可厚非，所谓"人往高处走，水往低处流"，说的就是这个道理。但蛊惑别人跳槽的人，还真难说安的是什么心。做到既不答应也不得罪对方，是处理问题的捷径，同时别忘了带上你的幽默，这样才不会让对方过于尴尬。可能这就是职场，除了业务能力，情商也是必修课之一。

被同事针对：构筑沟通的桥梁

也许你在不经意间得罪了同事，导致他在各种场合对你展开全方位、无死角的嘲讽。先别光顾着莫名其妙，首先控制好自己的情绪，用你的风趣打动对方，原因就留到日后再去揭晓。

一般话术：

我真的很奇怪，到底是哪里得罪了你？有什么话难道不能当面说清吗？非要这样冷嘲热讽不可吗？大家都是同事，也许你对我有什么误会，我真的搞不明白，我做了什么事会对你造成这么大的伤害！

幽默话术：

在我心里我一直觉得你是那种不善言辞的人，没想到你挖苦起人来也是这么给力。没事，我这个人心大，什么都不往心里去。如果你有什么委屈，我愿意做你的树洞，只要你能出气就行。不过，我还是想知道为什么，因为我真的好奇，到底是怎么得罪的你？难道是在梦里？

在复杂的职场里，无论是谁做事都不能保证人人都满意。挖苦、斗气只能阻碍工作，一边为难别人，一边为难自己。在学会忍让之外，彼此沟通才是理解的桥梁，开诚布公，把话说开才是职场相处之道。

不配合的下属：利用情绪"软化剂"

管理下属是一件很有学问的事情，如果遇到下属不服从工作安排，往往也会让管理者十分头疼。假如你在会议室里，正在安排下属的工作，一位下属突然打断你说："我觉得这个任务不适合我。"你会如何处理呢？

一般话术：

这是工作安排，你有义务服从管理，没有商量的余地！如果连这点儿事情都完成不了，要你还有什么用？既然别人都能完成，你一样可以！

幽默话术：

先不要拒绝，我觉得这个任务简直就像是为你量身定做的一样，简直太适合你了！我觉得只有你能把它完成得很完美。就好像鱼儿离不开水一样，这个任务非你莫属哇！而且你是一个能啃硬骨头的人，再艰巨的任务你也能啃得干干净净，你办事我放心！

幽默是情绪的软化剂，在平和的沟通中，你的话才更有说服力。轻松愉悦的氛围更容易让下属接受工作安排，而且还能提高工作效率、增强团队的凝聚力。没有矛盾冲突，才能使工作更顺利。

应对下属告状：幽默是个和事佬

管理者有时就像下属的父母官，需要机智地处理各种"官司"。如果一位下属来到你的办公室，一脸委屈地向你陈述另一个同事在工作中故意为难他，并要你处理。你第一时间的回应会是什么？

一般话术：

我知道了，我会找他了解情况的。你先回去吧，别因为这件事影响了工作。

幽默话术：

哎呀，看来你是到我这里来"击鼓鸣冤"的呀！既然你有冤屈，"本官"自会为你做主的。你也先不要生气了，我会抽时间跟他会一会，看看他有没有胆量也跟我过一过招！你就安心地等待我胜利的好消息吧！

在日常管理中，管理者的"人情味"十分重要。面对工作中的问题，我们不必过于严肃和死板，适当地运用幽默和风趣的语言，能够有效化解矛盾，拉近与下属的距离。让下属感受到你的关心和支持，是增强团队凝聚力和向心力的一种手段。

下属犯了错误：批评不能解决问题

在工作中，犯错也是人之常情，管理者该如何处理下属的错误，这其中也有很多门道。假如你和下属正在会议室里讨论一个重要项目的问题，突然发现其中一个下属犯了低级错误，导致整个团队的工作都受到了影响。这个下属非常恐慌，这时你该对这个犯错的下属说些什么呢？

一般话术：

你怎么可以犯这种低级错误呢？这次的处罚是免不了了，希望你能吸取教训，以后注意点儿！

幽默话术：

你这是觉得我们太累了，想给我们来点儿不一样的惊喜吗？不过这次的惊喜有点儿过头了，简直就是惊吓呀！没关系，是人就会犯错，我们还是赶紧一起想办法解决它吧。让这个小插曲成为我们这个项目的一个"独家记忆"吧！

幽默的意义在于让下属放松心情，向他传达出对错误的重视和解决问题的决心。过度指责并不能解决问题，反而会给下属带来极大的心理压力。减轻下属的压力，鼓舞团队的士气，找到解决方案才是最终目的。

下属的委屈：从挫折中汲取力量

如果说管理者是一座山，那它就是专门为下属抵挡各种不平的，这需要强大的沟通能力。如果你的一名下属，因为工作成果没有得到应有的认可而跑到你的办公室眼含泪花诉说着委屈，你该如何处理？

一般话术：

你有了委屈能想到来找我，我很欣慰。不过，先不要难过了，这只是一次小小的挫折，以后还有很长的路要走呢。

幽默话术：

你这是怎么了？眼睛都快变成"喷泉"了。先别光顾着委屈了，你的努力我当然都看在眼里。谁如果不认可，那就是他没眼光，是他自己的损失！但搞坏了身体，可就是你自己的损失了。放心，我永远支持你，我相信下一次你一定能让他们刮目相看的！

一位优秀的管理者，在面对下属的负面情绪时，通常都会先试图平复和缓解对方的焦虑情绪。这样的话术能让人感受到关怀与理解，同时也传递出积极乐观的态度，鼓励下属从挫折中汲取力量，继续前行。

下属提出离职：挽留不如祝福

俗话说得好"铁打的营盘，流水的兵"，下属离职是每个管理者都要面对的难题。如果某一天，你的下属来到你的工位，面露难色地和你说起他要离职的想法。就要失去一个业务骨干的你，此时该做出怎样的回应，才能显出挽留对方的诚意？

一般话术：

我真是太意外了，干得好好的，怎么突然要走哇？你真的想清楚了吗？如果真的要走，那工作交接可要好好完成啊。

幽默话术：

难道你是打算去追求诗和远方吗？但我还是得提醒你，这儿还有一群小伙伴，时刻都在想念你呢！如果有一天你发达了，可千万别忘了我们哪！如果有一天，你在外面干得不如意，没有你想象的那样美好，我们随时欢迎你回来，我们的大门永远为你敞开！

理解和尊重是与下属相处的前提。离职是一种常态，我们应该报以平和、乐观的心态去面对。风趣幽默的回应，能缓解离别的伤感，让下属感受到你的豁达和真诚。就像人生的旅途，每一个阶段都要经历不同的风景，学会坦然接受和祝福，反而会给对方留下一段难忘的友情。

下属要求涨薪：丢掉冰冷的拒绝

下属要求涨薪，也是管理者经常遇到的问题。直接拒绝可能会让其产生负面情绪，这就需要一些沟通技巧，寻求他们的理解。假如，在一个轻松的午后，你的下属来到办公室，略带忐忑地向你提出了涨薪的要求，你通常会如何回应？

一般话术：

你也知道，公司有统一的薪资制度，虽然你的工作业绩不错，但也不是说涨就能涨的，这需要一系列程序和考核。你先回去，我跟领导会对此做一番研究，到时候给你消息。

幽默话术：

显然你感觉自己的工资已经满足不了你的水平了。但是，你也知道，我可不是财神爷，不然我肯定让每个人都变成亿万富翁！不如你也帮我去求一求财神爷，让他给我多批点儿预算吧。不然都来找我的话，我可麻烦喽！当然，你平时的表现我都看在眼里，有机会一定会为你争取的！

幽默的话术不会让下属感受到被直接拒绝的沮丧，而且形象地也表达出了你的无奈。在职场中敏感的问题，往往可以用风趣的方式去回应，以寻求下属的尊重和理解。

领导，我想对你说

回复领导的祝福：真诚、积极与个性

逢年过节，往往都是下属给领导送祝福，以表达自己对领导的关心。但是，如果突然收到领导发来的节日祝福短信，又该如何完美地回复？

一般话术：

感谢领导的祝福！能收到您的祝福，我感到万分的荣幸和感激，有了您的肯定与支持，我充满了前进的动力。我一定会再接再厉，绝不辜负您的期望。在此，我也祝您阖家欢乐，万事如意，身体健康，美满甜蜜！

幽默话术：

感谢领导！您的祝福不是压力而是动力，干好工作才是尽力；您的祝福不是鼓励而是激励，领导满意就是大吉大利；领导的祝福不是担心而是关心，工作就该事事上心。有了您的支持和肯定，我会更加努力地奋斗，绝不辜负您对我的期望。对于您的信任，我会倍加珍惜，并把它化为前进的动力！

和上级保持良好的关系，是职场成功的关键之一。对于领导的祝福，回复中要有尊敬和感激，再带上坦诚与真诚，最后别忘了积极与个性。这就是回复领导的基本公式，想要达到完美，还需要不断领悟和体会。

领导的关心：顺势拉近距离

如果你突然被领导"特别"关心，会不会感到十分忐忑？假如，你正在办公室专注地工作着，领导突然出现在你身后，他拍了拍你的肩膀，关心起你的生活和工作的情况。你对领导的意图一无所知，面对这种情况，你该如何回复？

一般话术：

感谢领导的关心，我最近的工作和生活都没有遇到什么问题，都还过得去。

幽默话术：

领导，您吓了我一跳。这关心来得有点儿太突然，我还以为自己犯了什么错误呢！不过，我真心感谢您的关心，我最近的工作很顺利，生活过得也很愉快。这都多亏了我有个好领导，麻烦事都由您给铺平了道路，我专心工作就行了。对了，您是不是想给我安排新任务哇？我随时服从您的安排。

在职场中，面对领导也不用过于严肃和拘谨，适当的幽默可以拉近与领导的距离，展现你的乐观和自信。让领导感受到你的积极态度和良好的心态，能为自己的职业发展创造更加和谐的氛围。

领导的猜忌：用风趣打消疑虑

在职场中，最可怕的莫过于被领导拉去单独谈话，而且话题还是"对他是否有个人意见"。如果你突然被领导单独叫到办公室，关上门后，他直截了当地问你是否对他有意见，除尴尬外，你该如何回答，才能打消对方的疑虑？

一般话术：

您这是哪里的话呢？领导，我对您真的没有意见。其实我对您挺满意的，不知道您是从哪里听说，或者从哪里看出来我对您有意见的呢？那一定是个误会！

幽默话术：

领导，我被您这么一问，还真有点儿发蒙。我的脑子比较慢热，对您的意见可能还没来得及生成呢。实话实说，我对您崇拜还来不及，哪顾得上有意见呀！您对我是不是有什么误解？还是您心血来潮想要试探我的忠心？

遇到这种情况，需要积极地表达忠心，机智地缓和紧张的氛围，打消领导的疑虑。适度的幽默有助于建立良好的上下级关系，就像阳光穿透乌云，为彼此的关系带来一丝温暖与轻松。

请求办私事：为难就让领导决定

不要天真地以为，办公室只是工作的地方，它也是一个复杂的"交际场"。有可能你的领导突然会叫住正从走廊穿过的你，然后面露难色地拜托你帮他办一件私事。但是你正被工作缠身，是该拒绝，还是无条件地答应呢？

一般话术：

领导，实在是抱歉哪！我现在手头的工作太忙了，一时半会儿可能都没有办法帮您处理私事。要不您等我忙完呢？

幽默话术：

领导，您不用这么客气，我当然乐意为您效劳。没想到工作之余还能收到您派发的"隐藏任务"呢！您对我的信任，真的让我很意外。不过这会儿我正忙得像一只没头苍蝇，如果您不急的话，等我把手头上的事理一理，然后马上就去办！行吗？

生硬地拒绝领导，会让气氛陷入尴尬。而小玩笑能缓解彼此紧张的情绪。让领导感受到你的真诚，就像夏日里的一缕清风，给对方带来一丝凉意与愉悦。然后趁机把问题还给对方，结果让领导去决定。

被委以重任：如何幽默地表决心

在职场中，风险往往伴随着机遇。假如你的领导突然当着所有同事的面，宣布将一个重大项目交给你负责，你的第一反应是什么？你会对领导的安排发表怎样的看法？

一般话术：

对不起领导，我觉得我的能力还有些欠缺，这么重要的项目，我可能还没有能力去完成。可能我还需要更多的磨炼，这会让我压力很大，希望您理解。

幽默话术：

领导，您这是要把我捧上天哪！不过为了完成任务，我必须得好好修炼，我就好比风筝一样，不管飞得多高多远，始终由您牵着线。我相信在您的支持下，我一定会不负众望，给您一个满意的结果的！

幽默的话术既表达了接受任务的决心，又带有轻松和自信。这是一种积极的力量，能化解压力与紧张。这样的回复，就像一阵春风，能吹散紧张的阴霾，为工作注入活力与动力。但是，毕竟"光说不练假把式"，真正做到了才值得高兴。

与领导同行：把握机会，勇敢前行

在职场中，如何才能证明你受到了领导的重视，那无疑是和领导一同参加重要活动。当你接到这样的安排，除了激动，还有没有什么话想对领导说呢？可别只傻傻地说"行"或"不行"！

一般话术：

感谢领导对我的信任。但我觉得这种场合可能不太适合我，我怕给您和公司丢脸。毕竟我没参加过这么重要的活动，我看我还是多历练历练再说吧。

幽默话术：

太好了，领导！我终于有了展示我的帅气的机会了，想想就好激动！我得好好打扮一下，不能让您丢了面子呀！但是，在这之前您必须先跟我透个底，这次我要专心致志地给您当好绿叶呢？还是要和您一起大放异彩，吸引他们的目光呢？

有了机会就要及时抓住并勇敢面对。与领导同行，是体现自我价值和能力的最好的机会。对于过程要积极地了解，做好充足的准备，这才是对工作和领导最大的尊重。幽默是一种自信，同样会感染领导，也会让你们的这次合作更加顺畅。

领导的问题：不懂装懂最不可取

有没有遇到过这种情况？领导给你安排了一项工作，他交代了很多相关的细节和注意事项。但你对此并不熟悉，一知半解地听过之后，还是丈二和尚摸不着头脑。当领导问你："听明白了吗？"这时你该怎么回答？

一般话术：

对不起，领导，您刚才说的，我似乎没太听懂。您能不能再说一遍，我想录下来，或者记个笔记。

幽默话术：

领导，虽然您刚才讲得很精彩，但语速太快了。我的大脑就像个两核的 CPU（中央处理器），处理速度明显跟不上您的语速，都快烧得冒烟了。您能不能再回放一遍，让我再消化消化？

领导的话没听懂固然尴尬，但更尴尬的是不懂装懂，最终领悟错了领导的意图。而幽默能很好地掩饰尴尬，也不会让领导觉得这是一个负担。最好的方式是委婉风趣地表达让领导重新讲解的意愿，在听的过程中记录下来重点问题并随时沟通。

被问离职原因：为未来留存空间

老话说得好："人往高处走，水往低处流"，不久前你向领导提出了离职的诉求。在氛围略显严肃的办公室里，领导询问起你提出离职的理由。为了不显得尴尬，并寻求领导的理解，你会作何表达呢？

一般话术：

其实也没有特殊原因，无非想谋求更进一步的发展。最近有个更适合我的公司想要高薪聘请我，我准备去那里锻炼锻炼。

幽默话术：

领导，您也知道，总是看一种风景，再美也会有审美疲劳的时候。我想到外面的世界去走一走，看一看。世界那么大，我也想去到处转转。不过，也请您放心，我一定还会回到您的身边，希望您到时候别嫌弃我呀！

面对各种变化，保持乐观心态才是积极的人生观，谋求更高的发展也是理所当然。用幽默去表现豁达，为未来留存了空间，这才是高级的职场规则。人生的道路变幻莫测，用乐观的心态去拥抱变化，或许会收获不一样的风景。

与领导的分歧：打开沟通的大门

在实际工作中，难免会有争论，遇到意见不一致时，合理的沟通方式就显得格外重要。尤其是当这种情况发生在上下级之间，就尤其需要注意交流方式。如果你因为工作和领导产生了分歧，该怎样更好地向对方表达自己的想法，才不会得罪领导，并让他更加欣赏你呢？

一般话术：

领导，您的想法不符合实际情况，而我更了解项目的具体细节。所以，我觉得我的想法更好，您应该支持我的方案。

幽默话术：

领导，看来咱们两个的想法又要打架了。您的想法就好比少林功夫，刚劲而生猛；而我的想法就像太极功法，擅长以柔克刚。到底谁的更厉害，看来难逃一战了。要不我们来个"武林大会"，看看谁的"招式"更厉害？

即使面对争执，也没必要过于强硬，较真和争论只能导致无效沟通。各抒己见就能够听到不同的声音，灵活而活跃的氛围，才能点亮智慧的明灯。幽默就像一把钥匙，打开了双方沟通的大门，能让你的观点更容易被接受。

团建与应酬之技巧

拒绝应酬：学会"先礼后兵"

在工作中，应酬是最常见的现象之一，也是一件让人感觉很无奈的事。你有没有遇到过这样的情况：下班后，领导笑容满面地走到你面前，然后拍着你的肩膀说："今晚有个应酬，你跟我一起去吧。"虽然不敢表现出情绪，但如何拒绝也成了大难题。

一般话术：

领导，实在是抱歉。我今晚家里正好有事，这次真的没法儿陪您去了。下次有机会我再陪您去吧，行吗？

幽默话术：

领导，不是我不给您面子，我是真的不敢去哇！别人都叫我"大喇叭"，平时喝点儿酒就口无遮拦，就爱说大实话，拦都拦不住。喝醉了倒不要紧，第二天还是一条好汉，但万一在酒桌上把公司的机密都给宣扬出去了，那我可就成公司的罪人啦！

对于应酬的拒绝，生硬的态度只会换来领导的冷眼。俏皮的应对方式，能有效化解尴尬，也能让你保持良好的人际关系。拒绝领导，最好学会"先礼后兵"。别让领导感到难堪和为难，多给对方一点儿面子，你的职业生涯会更顺利。

如何说敬酒词：幽默是一种黏合剂

团建几乎是每个职场人都经历过的场景，敬酒也是其中重要的社交手段。但敬酒的学问非常深奥，搞不好就会变成大型"社死"现场。如果在你们部门的团建酒席上，大家正聊得热火朝天，这时轮到你向同事敬酒，你会准备什么样的敬酒词呢？

一般话术：

感谢各位同事对我的照顾，让我在公司感受到了家一样的温暖。我敬各位一杯！

幽默话术：

亲爱的同事们，今天的团建真是比过年还热闹！工作的时候我们是埋头苦干的"小蜜蜂"，今天我们就是放飞自我的"快乐鸟"。来，大家一起举杯，敬过去一起奋斗的苦日子，也敬未来一起享福的好日子！喝了这杯酒，往后工作不犯愁，升职加薪全都有！干杯！

敬酒不是一件死板的工作，不需要那么严肃和客气。在社交场合里，幽默是一种黏合剂，能迅速拉近人际关系。因此，敬酒没必要拘谨，目的是向对方表达敬意。太过正式，反而会让对方陷入尴尬，轻松与愉悦的氛围才能体现出你的风趣和自信。

被点名表演节目：幽默也是才艺

在团建的过程中，会有很多突发状况，让人无比尴尬，此时需要你能机智地应对。比如，在你们公司的团建活动上，大家正聊得兴起，同事和领导突然点名要你表演才艺。平时内向的你，哪受得了这种尴尬场面，但冷冰冰地回绝可并不是一个好主意。

一般话术：

哎呀，我这么内向，哪里有什么才艺。我只会讲冷笑话，你们有没有兴趣听呢？

幽默话术：

哈哈，说到才艺，我真的会的不多。那我就给大家表演一个"退堂鼓"吧，保证打得又响又精彩！或者，我给大家表演个魔术呢？比如大变活人，我能把自己瞬间就变得特别安静，还可以一动不动。

碰到这种情况，如果你平时外向又有所擅长，的确是一个难得的展示自我的机会，不如大胆地发挥自己的强项吧。但如果你是个内向的人，恐怕会觉得是场噩梦。千万不要畏畏缩缩地向后躲，大大方方地用幽默去征服所有人，这也算是一个不错的才艺。

被同事约饭：小段子也有大用处

与同事相处的场景大多是在办公室。但如果有同事想进一步加深你们之间的友谊，在下班后约你共进晚餐，你会如何选择？如果想要拒绝，用什么方式更好呢？

一般话术：

实在是抱歉！今天真不巧，我下班后刚好有件重要的事情要去处理，只好辜负你的邀请了。要不咱们下次再聚吧。

幽默话术：

不瞒你说，我的内心其实很想去。但是我最近忙项目真的很累，一直没有好好地陪一陪我家的床，它都跟我闹意见了。不如咱们改次再聚，我也正好把我的钱包养肥一点儿，到时候我们去吃顿大餐！

幽默地拒绝是社交中的利器。面对别人的邀约，不要那么刻板和生硬，用更加放松和自然的态度来对待，不仅能化解尴尬，还能增进彼此的感情。多准备一些小段子，以备不时之需，学会用善意回报善意。

巧妙应对出糗：把失误变成"小心思"

只要是有团建的场合，各种"名场面"都不会断。最难堪的要数在大家面前出糗了。如果你正在众人面前一展歌喉，却不小心唱破了音，肯定是尴尬至极。不过，还有办法补救，不但不被别人笑话，还可能受到赞许。

一般话术：

哎呀，真是不好意思，居然破音了……这首歌是我最拿手的，肯定是我今天状态没有调整好，改日有机会再给大家展示吧。

幽默话术：

今天我的嗓子有自己的想法呀，我想唱歌给大家听，它却偏偏想逗大家笑。既然它这么努力地想成为舞台上的焦点，不惜破音引起大家注意，那我们就多给它点掌声鼓励，怎么样？

在众人面前表现失误，的确是一件尴尬至极的事情。但也并不需要因为这些"小插曲"就破坏了大家的好心情，有时候一段即兴的自嘲反而会让失误更像是精心准备过的一样，口才和反应能力才是此时最需要的，就用你的幽默和机智去征服所有人吧！

如何拒绝劝酒：一招儿让你一劳永逸

热闹的团建饭局上，大家兴致勃勃地边喝酒边聊天儿。这时，一位同事拿着酒杯向你走过来，笑着劝你喝酒，你却看着酒杯尴尬得不知如何是好。在团建中，你是不是经常遇到这种情节？自己的酒量明明不好，到底该如何拒绝呢？

一般话术：

实在是不好意思，我不会喝酒，一喝就醉。要不我以茶代酒吧，不是不肯给你面子，希望你不要见怪。

幽默话术：

实在抱歉，恐怕要扫你的雅兴了。我有严重的酒精过敏症，只要一喝酒就浑身通红，就像煮熟的螃蟹。如果再严重点儿，咱们的团建可能就要改到医院里聚会了。要不我陪你们聊天儿吧，倒酒、夹菜我也很在行，包大家满意！

其实，人生就如同一场酒局，我们需要在各种场合中灵活应对，用智慧和幽默化解难题。最佳的状态是既让自己舒适，还不让他人陷入尴尬的境地。

如何提前离场：家人就是"救命稻草"

团建聚会时，也会发生各种突发状况，需要你动点儿脑筋才能应对。比如你的部门正在组织团建，进行得热闹非凡时，你突然接到一个紧急电话，需要提前离开。这时，你该如何礼貌地全身而退呢？

一般话术：

各位，实在是不好意思呀，我临时有点儿事，必须得先走了，只能下次再陪大家了。我先自罚三杯，你们玩得愉快呀！

幽默话术：

我对不住大家了，我家里的"领导"又在传唤我了。孩子突然发烧，她一个人应付不了，我得赶紧去医院看看，去晚了恐怕这一晚上就要睡大马路上了。咱们改日再聚，你们要玩得开心哪！

越来越多的人喜欢把工作和生活严格地划分，团建也就成为徒有虚表的仪式而已。团建本身存在的意义，就是通过这样的形式增强团队的凝聚力。但它并不是束缚个人生活的牢笼，如果这让你很不自在，那就赶快找个借口溜之大吉吧。

面对尴尬游戏：换个方式参与

单位组织团建，无非想让大家加深了解，巩固员工之间的感情。于是，游戏就变成了团建活动中不可或缺的项目之一。当大家正在玩一个需要高度配合的游戏时，却让你感到无比尴尬，整个身体都开始拒绝。你和同事还不熟悉，到底该怎样跟领导和同事说，才能摆脱这尴尬的游戏呢？

一般话术：

不好意思，我实在是接受不了这么尴尬的游戏，我不想参加，你们玩吧。

幽默话术：

我就是个游戏黑洞，从小到大都没人喜欢带我玩游戏。你们看我这副小身板如此弱不禁风，恐怕要拖你们后腿了！为了避免尴尬，我看我还是算了吧！不过，我练就了一身啦啦队的本领，我还是在旁边给你们加油助威吧！

虽然不想参与到游戏中，但也别显得太不合群，不然很可能会受到同事的孤立。你的幽默让计划成功了一半，接下来就换个方式参与其中吧。

不想参加合影：如何拒绝才不得罪同事

团建也是一种社交活动，是公司增加员工之间凝聚力的一种手段。团建活动在企业中有重要作用，如果把握不好尺度，就会破坏员工的情绪。比如拍照这件事，就涉及每个人的隐私和肖像权。如果同事向你提出配合拍照的要求，假如你想拒绝，该怎么说才合适呢？

一般话术：

不好意思，我不太想拍照。拍照会侵犯我的隐私和肖像权，我有权利拒绝，希望你能理解，谢谢！

幽默话术：

什么？要给我拍照！我看还是算了吧！我一合影就会变成表情包，我可不想成为大家手机里的搞笑珍藏。为了不拉低你们的颜值水平，我还是先躲远点！你们去拍吧！

即便拒绝的理由充分，但也要动用一点智慧，否则很可能会给对方留下不好的印象，这些都可能是未来工作上的阻力。此时，自我调侃不失是一种智慧，既维护了双方的和谐氛围，又能让对方感受到你的伶俐与风趣。

领导请吃饭：大胆去，别扫兴

下班前，你的领导突然来到你的工位前，笑着对你说："今晚一起吃个饭吧。"这时你的心里一定充满了忐忑，不停地揣测这是好事还是坏事，自己应不应该答应？但直觉告诉你，这个饭局不能拒绝，那要如何答复才能既不失礼貌，又能让领导高兴呢？

一般话术：

收到！谢谢领导的邀请。但您能不能提前透露一下，是不是要跟我谈什么事情啊？您这么突然请我吃饭，让我心里很没底。

幽默话术：

您真是我的好领导！您是不是也发现了我最近工作很勤奋，想犒劳我一下呀？那我可就不跟您客气了。但您可得事先跟我透个底，是要跟我谈工作，还是聊感情。不然您就算点一桌子好菜，我怎么有胃口吃得下去呀。

领导组织的饭局，自然有它的意义，所以最好不要轻易拒绝，说不定还能打探到重要的内部信息。这是和领导拉近关系的重要机会。一个有趣的人，运气自然不会差，太过拘谨可能会让领导扫兴。所以，与其暗自揣测，不如放开手脚去迎接命运。